# FaFalta Uno

## [Después del Day Care]

<< DORMIR ES NO SENTIR, DORMIR ES NO QUERER VOLVER A LA REALIDAD>>

Piensa en todo lo que tienes, no en todo lo que te hace falta, dijo alguien de por ahí...

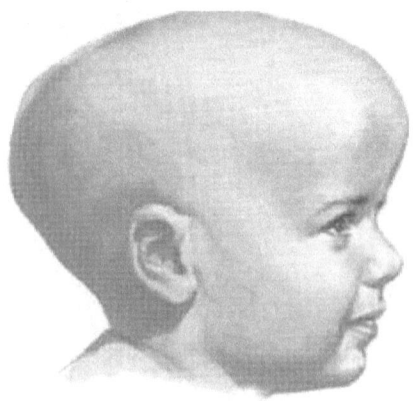

"¡Llámame Camelia! ¡Llámame Camelia! ¡Llámame Camelia!", repetía una voz dentro de mis sueños.

### El Salvador, La Unión, El Sauce.

El padre Brandon se encontraba disfrutando de la fiesta de quince años de su sobrina. La quinceañera bailaba al son del vals, acompañada de su elegante chambelán de honor, el padre comía unos bocadillos, cuando de una forma extraña él comenzó a escuchar a una mujer que repetía desconsoladamente una frase: "¡Llévame con mi hijo!". Todos se deleitaban mirando a la quinceañera bailar, pero el padre veía como aquel lugar se llenaba de agua y veía a la quinceañera bailar sobre el agua. En realidad todo era producto de un juego demoníaco, que aquella mujer le hacía al cura, quien salió corriendo de la fiesta. Luego se sentó en una acera, mientras veía los autos pasar; cuando nuevamente aquella mujer se le apareció en medio de la calle; lloraba sin consuelo pidiendo la reunieran con su hijo y buscando el perdón del mismo.

Mujer: - ¡Llévame con mi hijo! ¡Quiero a mi hijo! ¡Deseo reunirme con mi hijo! ¡Perdónenme! ¡Quiero el perdón de mi hijo y de quienes dañé!

Esa mujer desesperada, escondía su rostro, su espalda estaba bañada con hojas mojadas y podridas, residuos de lana verde colgaban de sus vestimentas, que eran de color blanco, pero muy destrozadas; espíritus de bebés le hacían custodia a esa alma sin descanso.

Padre Brandon: - ¿Qué quieres? ¿Qué buscas? Mantuviste a una madre con agonía por más de veinte años; la vida te castigó con una agonía eterna, obtuviste lo que te ganaste.

Esa mujer era el espíritu de Mayra Farías; en vida ella asesinó a un niño de tan solo tres años de edad, por ser hijo de la amante de su entonces marido. Veinte años después, el espíritu de ese niño le arrebata la vida a ella; no sin antes cobrar la vida de muchos inocentes en el pueblo.

Mayra: - ¡Quiero a mi hijo y al resto de mi familia!

Brandon: - ¡Regresa por donde viniste! Con tu muerte todo terminó.

Mayra: - ¡No! *¡Falta Uno!* ¡Mi hijo! ¡Quiero a mi hijo! ¡Necesito su perdón! ¡Quiero traerlo conmigo! ¡Tiene que estar conmigo!

Los malos espíritus solo van donde pueden satisfacer su perversidad. Para alejarlos, es preciso abandonar aquello que los atrae; pero cuando un espíritu está obsesionado con una cuenta que cree debe cerrar, no se va hasta cumplirla.

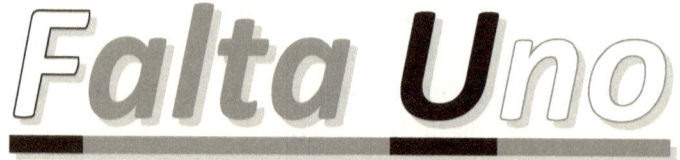

<< Dormir es no sentir, dormir es no querer volver a la realidad>>

### Hospital, Houston, TX.

Un lujoso automóvil color blanco se estacionó frente a la entrada principal del hospital, un valet parking se llevó el carro, tras abrir la puerta, de donde

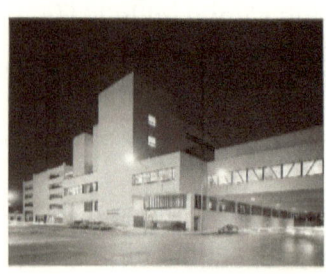

bajó un hombre joven, quien también vestía completamente de blanco. Parecía un joven serio, escuchaba una voz silenciosa, pero era una voz femenina que le decía: "¡Búscame! ¡Ayúdame!". Aquel joven estaba aturdido, no le gustaba mucho ayudar, pues hace un tiempo que había ocurrido un inesperado evento que cambió su vida. Aquel joven se acercó al área de información, preguntó por alguien de quien no consiguieron darle respuesta diferente a la que diariamente y durante diez años, le habían dado.

Enfermera: - ¡Caballero!, su novia no despierta aún.

Ronix: - Llevo diez años esperando a que despierte.

Enfermera: - ¡Un milagro! ¡Solo queda esperar un milagro! Hay pacientes que jamás vuelven del estado de coma ¡Sienten que dormir es mejor que vivir!

Ronix: - Es lo que espero; un milagro, es lo que diariamente pido a Dios, a todos mis guías protectores, y hasta a ustedes en este hospital, aún sigo en espera de ese milagro.

Enfermera: - ¡Vaya!, salúdela, ¡no deje de decirle cuanto le ama!

La joven, a quien este buen mozo caballero quería despertar; era Camelia Perla. Él entró al cuarto, se sentó a un lado de la cama, y sin poderlo evitar pronto se fue quedando dormido; la mitad de su cuerpo estaba entre montado en la camilla y su cabeza estaba sobre el abdomen de la joven durmiente. Mientras dormía, él escuchaba en sus sueños a una joven, quien le contaba cosas del pasado.

"Soy Camelia Perla, la novia de Reily Farías ¡Bien! soy una de las cuatro chicas que llegaron hasta El Sauce, un pueblo que se ubica en Centro América, en un país que se llama, El Salvador; ahí estuvimos mi novio, mis tres amigas, sus novios y yo, hace diez años ¡Sí! Reily era un jovencito, quien solo deseaba conocer a su padre. Nos invitó a su aventura, pues él tampoco conocía el lugar donde fue procreado. Pero el buscar sus orígenes lo llevó también a conocer la distancia que hay entre la vida y la muerte, cuando descubrimos que su madre era una asesina y también que los demonios sí existen.

Reily, nuestros amigos y yo luchamos una batalla contra demonios, donde tres muchachos perdieron la vida. Mis tres amigas —Reily y yo— fuimos los únicos que sobrevivimos a la batalla; ya que el padre, la madre y la madrastra de mi novio, perecieron también. Después de tan atroz vivencia decidimos regresar a nuestro país: USA, y esto fue lo que ocurrió.

Veníamos rumbo al aeropuerto Comalapa de *El Salvador*, ya estábamos en el avión, cuando les dije a mis amigas y mi novio que deseaba hacer algo; ese algo era inexplicable, me bajé del avión. Aunque ellos pensaron que yo estaba en el baño del mismo, tanto detalle es importante ¿No? Caminé sin rumbo, como perdida de mi mente, luego sentí escalofríos y un viento raro pero muy lleno de extrañas energías, apareció justo cuando vi bajar a mi novio del avión. Ajetreó sus manos como alas de ángel, su cuerpo parecía estar rodeado de chispas, y de sus manos sopló fuego; el avión explotó sin causarle el menor daño, pero mis amigas y el resto de pasajeros murieron.

¡Ya sé como llegué a este hospital de Houston, Texas! Salí del aeropuerto y busqué un hotel, el que atendía me miraba como tratando de adivinar mis miedos; me preguntó si estaba bien, le dije que sí, pero no lo estaba, porque sabía que algo pasaba con Reily. Algo o alguien se había posesionado del cuerpo de mi amado, y todo esto ocurrió el mismo día en que un demoniaco niño acabó con las vidas de nuestros amigos y la familia de Reily.

Al día siguiente tomé el primer avión rumbo a los Estados Unidos, luego llamé a mi tía Alba, le pedí me dejara estar un tiempo con ella.
Un día en el que iba rumbo a mi trabajo, un automóvil me arrolló; fue mi culpa porque pensé que era Reily, lo vi a él conduciendo y por el miedo, me detuve justo en medio de la carretera. Fue así como llegué hasta aquí; ahora estoy atada a esta camilla de hospital. No tengo nada, no tengo amigas, no tengo mamá, estoy muerta en vida, soy un cuerpo vivo; pero sin fuerza de voluntad.

En estos últimos siete meses he empezado a sentir que una mujer llora, buscando incesantemente a su hijo; en ocasiones he visto como muchas partes de su destrozada piel se unen y forman su cuerpo, después de haber estado flotando en el agua.

Ronix Alto es el joven que tuvo la desdicha de atropellarme; desde ese entonces, espera verme despertar, pues me he convertido en su bella durmiente y solo desea verme sonreír.

### *Noviembre 11 del 2011, Hospital, Houston, TX*
¡Dormir es no sentir, es no querer volver a la realidad! ¡Dormir es huir de la realidad! Pero si te duermes, te pasará como el camarón "Camarón *que se duerme…*" Tal cómo has escuchado ese refrán popular, así es como me está pasando ahora; oscuras tinieblas, semejantes al color que todos dicen no es color, de allí veo venir una sombra negra, una sombra con silueta de mujer, la puedo sentir y hasta escuchar decir. "¡Así me gusta que estés, dormida!

Tomaré tu cuerpo y me quedaré con él. "Trato de despertar, pero es más fuerte que yo. También te escucho a ti, Ronix Alto, se que día tras día visitas mi habitación ¡Ayúdame! ¡Llámame Camelia!"

Estado de Virginia, Mansión Sarmiento.
Los niños tienen largo tiempo jugando con un pequeño amigo invisible, al que Ubaldo le llama el niño imaginario, pero sus hijos le llaman *Toñito*.

El Sr. Ubaldo Sarmiento recibe la visita de una mujer; es una enfermera joven y bonita, trabaja en una clínica mental, y desde hace poco tiempo mantiene una relación de noviazgo con él; aunque la manejan con mucha discreción.

Ubaldo: - Usted dirá señorita Arely.
Arely: - Sr. Sarmiento, su hijo ha empeorado; tiene ataques extraños, se hace daño a si mismo y se queja de un intenso dolor de cabeza, siempre la mantiene recostada sobre su hombro izquierdo; es como si le pesara de más.
Sarmiento: - Y pensar que desde hace siete años está ahí, después que regresó de aquel viaje de donde desapareció su madre, y no hay quien me diga en realidad que pasó con mi esposa, él y la familia de su padre.
Arely: - Puedo confirmar que fueron momentos de terror los que lo llevaron hasta donde hoy está.
Sarmiento: - ¡Maldita sea!
Arely: - Mi profesión es una cosa diferente a mi religión, por lo que le puedo afirmar que existe una manera de saber qué pasó con su hijo.
Sarmiento: - ¿Cuál es la manera?
Arely: - Haciendo una expulsión de malos espíritus a través del espiritismo.
Sarmiento: - Explíquese.
Arely: - ¡Sí!, su hijo necesita ser exorcizado, deberá tener fe, ¡ah!, pero esto es solo entre usted y yo, solo le aconsejo, busque a un cartomancista ó espiritista.
Sarmiento: - ¿Cree que es parte de una posesión demoníaca?
Arely: - ¡Sí! Ha matado enfermeras y doctores, ha tenido que ser encadenado, es como una bestia salvaje, si le sueltas la rienda, mata.

Un muerto apegado a vivir entre los vivos mata con tal no ser despojado de la materia que ocupa. Una madre causa terror entre los habitantes del pueblo El Sauce, donde hace tantos; pero tantos años, ella lo originó todo.

**El Salvador, Centro América.**
**La Unión, El Sauce.**

Recordarás que hace algunos años, aquí en este mismo lugar, en este río, en este mismo arenal, frente a esta hermosa poza "La Remolina", ocurrieron tantas sangrientas desapariciones. Pero actualmente Jefferson Zaragoza Dalton sigue gobernando en aquella ciudad oscura, la que laboró un espíritu que se había obsesionado con ajusticiar a quien la vida le había quitado a tal niño. Recordarás tanto empeño que tenían los pequeños en cavar bajo el agua, ¡ahora entraremos a ese túnel! ¡Sí!, lo que nuestros ojos perciben es real, son cientos de casitas de juguete, es la tan mencionada Ciudad Oscura, ¡mira! ¡claro!, es un Daycare, están inaugurando un Day Care.

Jefferson: - Sr., Castellón, a nombre de su hijo, le devuelvo el Day Care que un día en vida usted tuvo.
Giselle: - ¿Dónde está mi otro hijo? ¡Hijo!
Jefferson: - Ahí lo tiene.
Giselle: - ¡No! *Toñito*, no es mi único hijo.
Toñito: - ¡Mami! ¡Hermanito murió enfermito, hermanito fue por su papito!
Jefferson: - ¡Eh! ¿Tienes dos hijos?
Giselle: - ¡Sí, y! ¡*Falta Uno*!

### *Houston Texas*
### *Hospital Houston TX*

En la habitación de Camelia, la posesión tomaría lugar. Ronix, acudió a las enfermeras, tras ver que aquella joven comenzó a temblar espantosamente como si se tratase de un terrible ataque; ella movió las manos, abrió aquellos espantosos ojos de horror, mirando hacia todos lados, y lo primero que añadió al verse despierta fue: "¡*Extrañaba las cosa de esta vida! ¡Que bella es la vida!*". Más sorprendente fue la respuesta que los doctores y el joven Ronix recibieron de Camelia, al preguntarle.

Doctor:- ¿Sabes quién eres?
Camelia: - ¡Mayra Farías!
Doctor: - ¿Cuántos años tienes?
Camelia: -Treinta y nueve.

Ahora la joven Camelia estaba despierta para todos, pero en realidad, era aquel maléfico y encarnado espíritu que tenía asuntos sin resolver. Para el joven Ronix el despertar de aquella muchacha era muy extraño. Cómo era posible que después de permanecer tantos años en coma, ahora simplemente se levantaba sin dolor ni queja. Como si solo hubiese dormido unas horas; hecho que le confirmó la voz de Camelia, cuando en sus visiones la veía en un mundo de tinieblas gritándole "¡Llámame Camelia! ¡Llámame Camelia! ¡Llámame Camelia!".

Camelia se levantó de la cama; Ronix intentando ayudarla sujetó su mano, justo en el momento en que su mirada se compenetró con la de la joven, quien lo instigó a ser partícipe de otra visión. Esta vez el miró a una mujer vestida con gran elegancia; lucía accesorios de talla única y discutía con un hombre, a quien terminaba asesinando. Se veía como la mujer levantaba al susodicho hombre con el poder de sus cabellos, enredándoselos al cuello y luego lo dejaba caer al piso; entonces se detenía por alguna razón. Instantes después un cortante y filoso cuchillo parecía volar atravesando el corazón de aquel hombre; también, veía como unos niños arrastraban los cuerpecitos de dos pequeños, colocándolos al lado de aquel hombre sin vida. En esa visión pudo ver a un niño que decía: "Todo terminó"; mientras, la voz de un joven le respondió: "¡No! nada acaba hasta que yo lo decida". La mujer que estaba con ellos añadía: "¿Qué más?", por supuesto es menester decir que los ojos de aquel joven enrojecieron, su cuello doblado cambió posición de un hombro a otro. Es que apenas unos minutos antes, el cuello de aquel joven, se veía doblado y sosteniendo sobre su hombro izquierdo, se quejaba mientras iracundo decía: "¡*Falta Uno*!".

Después de la visión el joven Ronix parecía hipnotizado, por lo que Camelia le preguntó: - ¿Sucede algo?
Ronix: - ¡No!, dime ¿tienes donde ir?
Camelia: - A Virginia a casa de mi esposo, deseo ver a mis hijos.

El notaba en Mayra una falta de alegría, era fría, parecía un ser sin alma; realmente era eso, un muerto encarnado. ¡Sabrá Dios, con que intenciones! bueno, Mayra o Camelia, como se llame, abandonó el hospital, fue a casa de Ronix, donde los sirvientes la recibieron y trataron como a una señora de la alta sociedad. El joven envió a sus empleados a comprar los mejores accesorios para vestir, calzar y embellecer a la hermosa Camelia "Mayra".

Ronix: - ¿Te gustó el cafecito?

Camelia "Mayra": - ¡Sí! (lo decía frívola y en vos baja)

Ronix: - Cuenta ¿A qué te dedicas Mayra?

Camelia "Mayra": - ¿No lees revistas?, ¿no estás actualizado con el mundo del espectáculo y la moda?.

Ronix: - ¡Señorita! Sírvanos más café. "La empleada sirve el café, mientras escucha lo que Mayra dice".

Camelia "Mayra": - Soy una exitosa modelo, casada, tengo tres hijos, amo a un gran hombre, a un cazador de grandes éxitos novelescos, mi esposo es el exitoso productor de televisión, el Sr. Ubaldo Sarmiento.

Ronix: - ¡No! ¿Eres entonces la bella modelito que desfila entre las grandes pasarelas europeas? ¡Creo haberte visto en reportajes!

Camelia "Mayra": - Soy yo, Mayra Farías de Sarmiento, la que siempre luce radiante a pesar de los años y del matrimonio, he sabido conservarme.

La empleada veía a Camelia como si fuera una desquiciada, pues, actualmente ¿quién no sabía que Mayra Farías estaba muerta? Mayra Farías es un muerto encarnado que no desea volver a donde pertenece: la otra vida.

*Fairfax, VA. Mental Hospital.*

Reily Zaragoza Farías, se encuentra en una clínica para personas con desequilibrio mental, está encadenado en unas celdas donde solo hay una camilla; casi nunca duerme, y cuando logra dormir, se tarda más de diecisiete horas para despertar. Su apariencia es devastadora, algunas veces se ha hecho daño a sí mismo, tiene rasguños en su cara, sus manos están sucias y sus uñas todas carcomidas, el lugar huele pésimamente mal. Nadie se atreve entrar donde él esta, lo ven a través de las celdas, pues algunos doctores y enfermeras perecieron, como el último guardia que fue asesinado desastrosamente cuando él, con sus manos lo restregó contra la pared, dejando la pared bañada en sangre y piel de dicho hombre. Su apariencia es monstruosa, su mirada siempre pasa de lado, su cabeza permanece recostada en el hombro izquierdo, cuando se cansa, pasa al hombro derecho. Es como si en la cabeza de este joven estuviese alguien ejerciéndole presión para mantenerlo con el cuello virado, y su cabeza sostenida con su respectivo hombro. No hace más que repetir una frase, una frase que parece su obsesión, la cual hasta hace canción ya "¡*Falta Uno!*".

Esta tarde su padre le ha ido a visitar, ha llegado en compañía de la enfermera Arely. Puestos en el área de las celdas —las cuales se ubicaban en el sótano bajo alta seguridad— el Sr. Sarmiento se quedó perplejo en ver como estaba su hijo, apresado de pies y manos con cadenas que le evitaban ser libre como en una ocasión lo fue. Era obvio que el joven no estaba bien y estaba preso de algo interno, algo que le evitaba tener dulzura en lugar de frialdad, rencor y odio, como su rostro lo aparentaba.

Arely: - ¡He ahí a tu hijo! Es ese que miras; siempre mantiene la cabeza acostada sobre sus hombros, cuando se cansa de un hombro pasa al otro, es como si le pesara de más.

Reily estremeció los sentidos de ellos y de los demás presentes, cuando hizo una revelación que cambiaría el rumbo de la historia. Es que con unas siniestras carcajadas y lanzando gárgaras de sangre que escupió hacia la pared; él aún no había volteado a ver a nadie, no había puesto importancia a la visita de Ubaldo Sarmiento.

Reily: - ¡Jajaja! ¡Maldito! ¿Tu hijo? ¿Cómo te atreves a decir que eres mi padre? Mi maldito padre se llama Eros Carrión.
Ubaldo: - Admito que no quería aceptarlo, mi hijo ha perdido el juicio, decir que es hijo de Eros Carrión; por otra parte quien no sabe que Eros Carrión hace tanto que no está en Estados Unidos. Él vendió todo, lo repartió entre los pobres y centros de beneficencia; por si fuera poco, Eros Carrión jamás tuvo hijo alguno.
Reily: - Sí lo tuvo, soy su bastardo, venderlo de nada le servirá, porque no se compra el cielo o el infierno con materialismo. ¡Pobre viejo infeliz! ¡No sabe lo que le espera!

Ubaldo: - ¡Por tu madre, reacciona!

Reily: - ¡Papi! ¿Dónde, está mi papi? ¡Mami! ¡Papi no me escucha! ¡Mami! ¡Mamita! ¡Mita! "Actuaba como infante de muy corta edad".

Arely: - Lo ha visto, habla como un bebé, a veces pareciera que no ha crecido, su voz es como la de un bebé, que sé yo, de cuatro o cinco años.

Reily: - ¡Estoy muerto! ¡No! ¡No es justo! Yo no estoy muerto, tengo "polemas", mi mamita llora, yo no puedo jugar, me tienen lástima, asco, compasión, menos amor ¿Por qué no hay una sola sonrisa para mí? ¿Por qué? ¡Mami! Yo solo quería a mi familia, solo busco reunir a mi familia, casi tengo a mi familia, solo ¡Falta Uno! Odio a mi padre, lo voy a encontrar, así esté detrás de las alas del mismo bien.

Arely: - ¿Has visto? ¡No le he mentido!, actúa como un infante, no es muy común esta patología; a principios pensábamos que era esquizofrenia, mis mayores aún lo creen; yo sostengo lo que he dicho, su hijo esta poseído por algo.

Ubaldo: - ¡Amor! ¿Por qué un muerto querría usar el cuerpo de mi hijo?

Arely: - Eso solo se averiguaría con un espiritista.

Ubaldo: - Lo que sí sé, es que perdió el juicio.

Arely: - Por completo.

Reily: - ¡Maldita perra! Conseguiste volver a la vida.

Arely: - ¿Qué?

Reily: - Ella te va a matar, como un tsunami vendrá a arrasar con la dicha tuya y la de tu familia, te va a matar por andar con este hombre ¡estúpida! Este hombre —en esta y en todas sus existencias— tiene y tendrá una sola dueña.

Ubaldo: - ¿Quién es ella? ¿A quién le pertenezco yo?

Reily: - Mayra Farías ¡libérame!, debo encontrar a mi padre, que me liberes maldita sea.

Ubaldo: - ¿Por qué no me miras?

Reily: - Porque no soy yo quien ha de matarte, así que te exijo, devuélveme la libertad que estas malditas cadenas me han quitado, debo ir por mi padre, tengo a mi madre y a mi hermanito, quiero tener a mi familia conmigo. Solo *Falta Uno*, mi padre, ese canalla que debe pagar por su abandono y su irresponsabilidad ¡Quiero a mi padre!

Ubaldo: - Tu padre, tu padre está muerto, Demetrio Zaragoza está muerto, murió hace diez años; del mismo modo murió mi esposa Mayra Farías, ya no le menciones, que me siento mal, nunca pude conocer qué le acomplejaba tanto.

Reily: - Mayra Farías, viene hacia ti, viene por ti, y el resto de los suyos. Arely, aléjate o muere.

Arely: - ¡Sí! Déjame temblar, me dará una paliza, y yo le diré cretina, lárgate ¡Cariño! tu hijo sí que perdió la cordura, un muerto, no creo en tontos espíritus. "Los ojos del joven Reily brillaron".

Sin duda alguna Mayra Farías viene por dos razones: su familia y el perdón de su hijo mayor.

El tiempo no es aliado de nadie, por lo que las horas tomaron su paso, la malvada tomó un vuelo rumbo al estado de Virginia, lugar donde se encontraría con su familia; por lo que esta mañana un taxi se estacionó frente a la mansión del viudo Sarmiento. Del taxi bajó la señora Camelia, quien vestía de pies a cabeza como lo hacía Mayra en vida; y es que Mayra había hecho que Ronix comprara todo cuanto ella amaba lucir.

### Houston TX. Residencia de Ronix Alto.

El joven señorito leía unas notas donde se hablaba de Mayra Farías, cuando su empleada le interrumpió, llevándole un café al área de la sala, donde aquel estaba recostado sobre un sofá.

La empleada: - ¡Su cafecito!

Ronix: - ¡Gracias!, adoro estos cafecitos tuyos.

La empleada: - Gracias patroncito.

Ronix: - Es la verdad.

La empleada: - ¡Patrón!

Ronix: - Diga.

La empleada: - ¿Puedo decirle algo?

Ronix: - ¡Claro!

La empleada: - No crea en esa mujer.

Ronix: - ¿Qué mujer?

La empleada: - La farsante que dice llamarse Mayra Farías.

Ronix: - ¿Qué sabes de ella?

La empleada: - Patrón, esa mujer murió hace años, busque información de ella, era una asesina; mató a un inocente de tres años, el cual fue fruto de la traición que le hizo el esposo con la secretaria.

Ronix: - Es fría, no sabe reír, no sabe sentir, los muertos no tienen alma y menos corazón y razón.

La empleada: - ¿Qué dijo?

Ronix: - Búsqueme revistas, periódicos, o cualquier cosa que hable de Mayra Farías y su pasado.

La empleada: - Se habló de que su hijo mayor, viajó a conocer a su padre, a un remoto pueblo salvadoreño, en busca de su padre fue como su hijo mayor lo descubrió. Todo el mundo descubrió cosas de ella, dicen que un mismo demonio que ella creó, fue quien la vida le quitó, en una poza de un río de ese mismo pueblo, porque una gran amiga mía me contó eso. Ella se llama Milena, trabaja en el mismo hospital donde usted va seguido, y por las noches suele ir a lavar su ropa, me invita a tomar café y a conversar. Ella dice que fue la sirvienta de los Zaragoza Dalton, familia que murió casi completa, quedando con vida solo uno: Reily Zaragoza Farías. Dicen que está loco, encerrado en un hospital psiquiátrico, otros dicen que es poseído por un demonio sin explicación.

Ronix: - Debes traer a esa joven mujer.

La empleada: - Por supuesto.

Las piezas del ayer invitaran a Ronix a conocer a la verdadera Mayra Farías, una asesina que ha vuelto con una obsesión en mente, llevarse con ella a los suyos después de conseguir el perdón de su hijo.

### *Fairfax, Virginia.*

La Mansión Sarmiento, esa sería la morada de un alma errante, el timbre sonaba, las sirvientas estaban en sus quehaceres, nadie atendía al llamado. El viudo de la difunta Mayra, bajaba las escaleras, se detuvo a escuchar el timbre y decidió ir abrir la puerta; ahora le daría entrada a los demonios que habitarían con él. Sorprendido fue como quedó, tras ver la exuberante figura de mujer, quien sin decir ni pío, se le lanzó a los brazos besándolo, pero a la vez mostrando esa vibra de frialdad y poco bondad. Este hombre no sabía entender por qué ella estaba tan feliz que le besaba la boca y el rostro, ya que él tenía por conocido que ella era la ex novia del joven Reily.

Lo que no sabía es que ésta en realidad era la cristalización del anuncio que les hizo el loco en el hospital: Mayra Farías estaba de vuelta.

### Houston, TX

Los planes de Ronix iban a llevarlo a un futuro de muertos vengativos y rencorosos; por lo que un mal espíritu se encargó de Milena, la vieja empleada de los Zaragoza Dalton. Así que si Ronix quería conocer el ayer de la modelo, tendría que hacerlo de otra manera, puesto que Milena fue llevada a la otra vida; cuando un espíritu la desgarró con unas filosas garras. Por su parte la empleada comenzaba a recopilar fotos, periódicos, reportajes y cuanto detalle pudiese obtener para su patrón. Comenzaba una cacería entre muertos vengativos y vivos deseosos de despojar a los muertos, para que se fuesen a donde pertenecían.

### Fairfax, Virginia. Mansión Sarmiento.

La felicidad de Mayra —a pesar de ser un muerto— era notoria, sabía que estaba de vuelta con los suyos; esto demuestra que los muertos también aman, y ella lo mostraba al no contenerse en besar al viudo, quien creía estar haciendo lo incorrecto porque besaba el cuerpo de Camelia, la ex novia de su hijo.

Ubaldo: - ¿Qué crees que haces?
Camelia: - ¡Besarte! ¿No me extrañaste amor?
Ubaldo: - ¿Perdón? Mi hijo fue tu novio, no fui yo.
Camelia: - ¿Qué? ¡Demonio!
Ubaldo: - ¡Por Dios! ¿En qué mundo vives?
Camelia: - En el otro mundo, digo, estoy desconectada.
Ubaldo: - No puede ser.
Camelia: - Soy yo, ¡mírame! ¿no me reconoces?, ¿el amor no te permite reconocerme, no me amaste?

Algo inesperado atemorizó al señor Sarmiento, un carrito caminaba solo en la acera, parecía que un niño jugase con él; el ver tal hecho fue impactante, pues ya había vivido demasiadas emociones fuertes.

Camelia: - Dime ¿No me reconoces?
Ubaldo: - Desde luego, Camelia Perla la ex novia de mi hijo.

Camelia: - ¿Puedo pasar?

Ubaldo: - Por supuesto eso no se duda, lo que se sabe no se pregunta.

Camelia: - ¡Siempre cortés mi amor!


Una vez que Mayra —bajo las apariencias de Camelia— se adentre a esta casa, no volverá a salir hasta haber cumplido con su cometido, que es la razón que la ha traído de la muerte a la vida.

### Houston TX.

Ronix no se quedará de brazos cruzados, por lo que sentarse frente al computador y proponerse a conocer todo sobre Mayra Farías es su primer reto y por sus visiones, él sabe que debe salvar a una familia. Encerrado en su estudio tomaba uno y otro café servido por su amiga la sirvienta, quien le estaba ayudando a completar la información.


La empleada: - ¿Por qué hace esto patroncito? ¿Por qué meterse en un problema que no es suyo, y de esa índole?

Ronix: - Ahora es mi problema, porque me están dando visiones, ¡no!, no puedo permitir que lo que he visto ocurra. Muchas cosas no las he evitado. De no haber sido miedoso a mi don, hubiese evitado la muerte de mis propios padres.

La empleada: - Usted sí sabía que su mamá era estéril, buscó ayuda de los Orishas.

Ronix: - ¡Sí, lo sé! gracias a eso estoy en este mundo; vine con el don de poder ver cosas más allá de lo que otros ven, y por ser un miedoso dejé que muchas cosas pasaran: muertes, accidentes que vi entre mis visiones y jamás lo dije, por el simple hecho de que no me dijeran loco o que era brujo. Recuerdo que me sucedía desde niño, en una ocasión vi como si estuviera soñando despierto, que un compañerito en mi colegio caería de un árbol en el que solíamos jugar. Se lo anuncié, mas él en lugar de ponerme atención, se rio de mí e hizo que todos se rieran; dijo que yo era un brujo. Entonces, cuando lo vi caer, todos se quedaron asombrados, aquel niño se quebró la boca, sus pedazos de dientes caían al piso y su brazo también se quebró.

La empleada: - ¿Por qué se salió del seminario justo cuando estaba a solo minutos de recibirse como sacerdote?

Ronix: - No era mi vocación, decidí internarme en un seminario porque quería huir de estas visiones, no quería ver las tragedias que le ocurrirían a mis conocidos y amigos. Por último estábamos todos los seminaristas esperando a ser bendecidos y transformados en verdaderos sacerdotes, cuando una visión se me presentó, eso me trajo de vuelta.

La empleada: - ¿Qué vio?

Ronix: - Un accidente. Una chica salía del área del metro y cruzaba la calle a prisa; pude ver a la chica siendo atropellada por un coche, y lo más sorprendente fue que era yo quien conducía. Lo que había visto en esa visión allá en Roma, fue exactamente lo que me sucedió; yo nunca imaginé que cuidando a esa chica durante diez largos años, me iba a enamorar de ella. Para mí fue frustrante, pues a pesar de mi visión no pude evitar el accidente; por ella acepté que las visiones no son cosa mala, que por el contrario, son avisos de algo que va a suceder y que puedo yo evitar. Sé que adonde ella va, habrá sangre y muerte; hay mucho terror que se avecina, y yo la voy a salvar hasta con mi propia vida, aunque al final no sea para mí.

La empleada: - ¡Ay, patroncito!, se enamoró de una desconocida loca.

Ronix: - No está loca, está posesionada por un espíritu ansioso de volver a esta vida, por alguien que ciegamente viene a saldar cuentas.

La empleada: - ¡Ay! ¡se me olvidaba!, mataron a Milena, no podrá ayudarnos.

Ronix: - ¿Qué? ¿Cómo? ¿Cuándo?

La empleada: - Su muerte fue escalofriante, me acerqué a hacer pesquisas cuando la ambulancia la llevaba; le cortaron una parte del cuello, hicieron que quedara sosteniéndose su cabeza sobre un hombro, como si la cabeza le pesara mucho. Rasguñaron su rostro, el cual quedó chorreando sangre que bañó sus ropas, ¡fue horrible!

Ronix: - No hay nada bueno en todo esto, los muertos y los vivos andan juntos.

La empleada: - Vuelvo enseguida para ayudarle, debo ir a instruir a las chicas para que hagan la cena.

Ronix: - Gracias por la información, son muchas revistas y fotos ¿Para qué describir?. Basta con que te diga que es más que suficiente información sobre Mayra Farías.

### *Fairfax, Virginia. Mental Hospital.*

El encuentro de espíritus rencorosos está por llegar; mientras tanto, ellos solo desean saciar sus maldades y cada uno irá a donde está lo que los satisface. ¿Pero, qué es lo que busca realmente el mal espíritu encarnado en Reily?

Reily es ahora el joven de las cadenas, estaba como siempre: distraído, viendo hacia las paredes donde hacía aparecer una hermosa vista de Líbano, donde se veía la imagen de un atardecer, y entre esa ciudad se veía un monasterio.

Reily: - A veces hay papis muy, muy, muy malitos, malísimos; yo solo quería ser un buen hijito. Mi papito no estuvo ahí, me dejó morir de dolor ¡Maldito!, por su culpa odio la palabra "papi", ¡jajaja!

Hablaba como niño, y a veces entre hablar y llorar decía: "¡Ese no es mi papi! ¡papi!". He conseguido a mi madre, a mi hermanito, quiero tener a mi familia y solo ¡*Falta Uno*!".

La malevolencia de las tinieblas se encarga de que los espíritus se llenen y lleguen a cegarse de dolor, por lo que quien está encarnado en Reily tiene dos objetivos: cumplir su antigua venganza y quedarse en este mundo. De pronto ese espíritu miró en visiones a la que en vida fue madre, la vio jugando con su hermanito Toñito. En sus visiones aparecía una mujer con un manto blanco amarrado a la cabeza disfrutando de su hijo, lo tenía en sus brazos, lo arrullaba, le cantaba: *"Duérmase mi niño cabeza de ayote, que si no te duermes te come el coyote"*.  Lo dormía en sus brazos, le daba besos, lo acostaba en una cunita rodeada de juguetes, sencillos y pobres pero juguetes al fin y al cabo; cosa que en vida con él no hicieron. De ese mismo modo su mente lo llevó a ver a la difunta Loyda Dalton, quien también vivía en una casa con muchas comodidades con su hijo "Jefferson", lleno de juguetes y con un padre que lo amaba y lo deseaba. A este niño no le faltaba nada, ni material y menos espiritual, sus padres clandestinamente lo habían concebido y deseado, lo llenaban de amor. Y para torturarse más, viajó hasta los momentos que Mayra disfrutó con Reily, y los dos infantes que ahora estaban a cargo del viudo Sarmiento. Veía como Reily fue demasiado amado y sobreprotegido, un hombre que ni siquiera era su verdadero padre compraba cuna, juguetes, ropita. Reily era un niño más que doblemente privilegiado y rodeado de amor, al igual que sus hermanos. Envidia era lo que sentía este triste espíritu encadenado al rencor de no haber sido amado como otros lo fueron, se sentía desdichado por haber sido triplemente rechazado.

Se escuchaban los llantos de un bebé, provenían de Reily el joven de las cadenas; los guardias pensaban que había un bebé ahí, pero en realidad era aquel espíritu que lloraba amargamente.

Reily: - ¿Por qué yo no? ¡mami! ¡papi! ¿Por qué no tuve todo eso? ¿Merecía haber nacido desdichado? ¿Por qué la desdicha se enamoró de mi suerte y hasta la vida me robó? Por eso acabé con ellos, quiero cumplir mi venganza ¡mami! No volveré contigo, te enviaré a papi; yo me quedaré disfrutando de los juguetes del mundo, de los dulces y chocolates que no pude comer, de las sonrisas que no pude tener, del amor que nadie me supo dar. Me quedaré aquí para tener lo que nunca pude tener; aunque sea con el cuerpo de este tonto.

Un guardia se acerca y dice: "¡Oye loco! ¿Escuchas a un bebé llorando y a un niño hablando? ¡Responde!
Los ojos de aquel torcieron su mirada a medida que una lágrima de sangre caía al piso y con la misma añadió: "Estas lágrimas de sangre que miras, esa y todas mis lágrimas me las cobro de igual manera ¡con sangre!".
El guardia viendo al otro le dijo: - ¡Este sí que parece un monstruo de terror!

El maléfico ser dejó impactados a los guardias, cuando de un momento a otro su cuello giró sin tan siquiera moverse su cuerpo; el rostro lo tenía para la espalda. Con la misma lanzó una escupida que bañó de sangre a aquel hombre, mientras un soplo de viento lanzó con fuerza al mismo contra una pared donde murió instantáneamente; el otro hombre quedó de infarto, no podía explicarse como había pasado aquello.

El corazón del infante solamente está herido y rebasado de rencor, por lo que pudo y no tuvo por alguna razón, hoy está dispuesto a obtener resultado de sus planes. En efecto dicen que los muertos siempre van a donde está lo que les satisface; pronto este podría dejar sus cadenas e ir hasta donde su maldad lo lleve.

*Houston TX. Mansión Alto*

Para Ronix su búsqueda comienza, pero está a punto de llevarlo de viaje en viaje; es que está decidido a hacer todo cuando deba, por salvar a su amada Camelia.

En el estudio de su casa Ronix leía detenidamente cierta información sobre la buscada Mayra Farías.

Ronix: - ¿Qué? Esa mujer en verdad está muerta ¡Claro! ¡Eso lo explica todo! Dice que tiene 39 años, murió el 11 de diciembre, justo cuando tenía esa edad. Mayra Farías tuvo dos matrimonios, el primero con el afamado abogado político el Sr. Demetrio Zaragoza; el segundo matrimonio —fundado con mejor suerte— fue con el Sr. Ubaldo Sarmiento. El ahora viudo vive en el estado de Virginia, cuida de sus tres hijos; ella fue una mujer muy reconocida ante la sociedad, siempre sonriente, era modelo de larga profesión, usaba y abusaba de las drogas ¡Mayra Farías! Sí, ella es ahora lo que yo llamo un "eggun" (espíritu, fantasma en la cultura Orisha) —dicho en habla cotidiana— un muerto entre los vivos, usando como vehículo el cuerpo de la ex novia de su hijo "Camelia Perla". Claro, eso explica lo que dice un reconocido escritor espiritista, donde expresa que los muertos se apegan a alguien que tenga o haya tenido que ver con ellos en su pasada existencia. Por eso es que Mayra se apoderó del dormido cuerpo de ella, porque esta mujer será como el pasaporte a su casa, donde no sé lo que busca. Bueno, al fin una buena noticia para mi, Camelia Perla fue novia de Reily Zaragoza Farías, quien ahora está recluido en una clínica mental, donde reconocidos médicos no encuentran en si qué es lo que padece el joven. Algunos afirman que es esquizofrenia, otros no niegan que sea un ambulante espíritu que lo ha poseído, que no ha sabido manejar bien al joven, ya que este ha sido preso de una terrible tristeza.

El peligro para la familia Sarmiento se ha presentado en el cuerpo de Camelia Perla, y ahora está muy cerca de Reily, quien podría dejar las cadenas que lo atan para salir a su tan anhelada venganza.

### Fairfax, VA. Mansión Sarmiento.

En la Mansión Sarmiento la maldad apenas llega para oscurecerlo todo como una tormenta en el cielo. Camelia estaba frente al espejo de un tocador, se veía y no lo creía.

Camelia: - ¡Soy yo! ¡No! este no es mi cuerpo, no es mi figura, ¡no, no soy yo!, me veo fatídica ¡No! ¡Esta no soy yo! ¡No lo resisto! Que descuido, que cabello mas maltratado, que cutis tan horrible, ¡no, definitivamente esta no es Mayra Farías! ¡Yo soy Mayra Farías! Estoy dentro del cuerpo de esta simplona, a esta que tanto odié ¡Maldita sea! ¡No soy yo! ¿Cómo? Estoy en el cuerpo de la ex novia de mi hijo; que importa, estoy de regreso en el mundo que tanto amo. Volveré a ser la diva de las pasarelas y tu querida Camelia Perla a convertirte en la futura esposa del viudo; que importa ser Camelia Perla de Sarmiento. Sí, yo sé quien soy realmente, lo importante es que encuentre la forma de conseguir el perdón de mi hijo Reily, a quien sí le hice daño injusto.

Las horas fueron pasando, la próxima estocada de Mayra no tardaría en verse, por lo que comenzaría primero por imitar la vida de Camelia, vistiéndose como lo hacía ella. Pero nada es perfecto y los errores se comenten en nombre de  lo que nos satisface, por lo que tras enterarse que el Sr. Sarmiento estaba recostado en la cama. No dudó en ir tras él, lo encontró recostado, abrazando la almohada boca abajo; entró al cuarto, cerró la puerta con seguro, comenzó a acariciarle los pies con mucha delicadeza, lentamente fue seduciéndolo de pies a cabeza.

Ubaldo: - ¿Qué haces? ¡Amor! ¡Mi vida! Tú sabes que es mi debilidad ¡Amor! ¡Mayra! ¡Oh Mayra!
Camelia: - Relájate, solo disfruta, estamos seguros ¡tómame! Hagamos de este momento un momento solo para los dos.

Camelia sedujo a Ubaldo, por donde sabia que a él le encantaba, para ello continuó dándole caricias en las plantas de los pies, mientras dirigía sus manos por debajo  del pantalón; el hombre como por instinto estaba seducido y excitado que no pensó en lo que haría, y terminó cediendo a las caricias de aquella mujer fatal.

Ubaldo: - Por eso te amo Mayra, solo tú sabes que esa es la mejor manera de seducirme, amo esas caricias, extraño la suavidad de tu piel sobre la mía; adoro esa delicadeza y esa vocecita, como te extrañaba Mayra.

Camelia: - Déjate llevar al éxtasis de la pasión como lo hacíamos antes, pero esta vez sin el polvito blanco.

Ubaldo: - ¡Un momento! ¿Por qué? ¡Tú, ella, tú y ella! Tu y ella, sus mismas... las mismas caricias, las mismas palabras, la misma ternura; sus mismas palabras, su mismito aroma, su forma de vestir, su forma de actuar. Te pareces tanto, no es que solo de mencionarlo es una locura, ¡los fantasmas no... no existen!, solo son ficción; es que en apariencia no te pareces a ella pero en esencia y alma sí. Eres Mayra en el cuerpo de Camelia ¿Qué? Mayra está muerta y muerta se tiene que quedar.

Camelia: - ¡Mírame!

Ubaldo: - ¿Qué? Si tú no eres ella, ella está muerta.

Camelia: - ¡Tómame! ¡Te amo! ¡Te deseo!, y yo... yo no estoy muerta.

Ubaldo: - Eres la ex novia de mi hijo.

Camelia: - La ex, no más que la ex, no más que eso; déjame demostrarte que mi amor es verdadero, que te amo mi amor, puedo sentir tu calentura, sé que me deseas.

Ubaldo: - ¡No!

Camelia: - No mientas, niega que te excitan mis caricias, que tu piel se apega a la mía.

Ubaldo: - ¡Calla! ¿Por qué?

Camelia: - ¿Qué?

Ubaldo: - Solo ella sabía cómo hacer esto, tu no pudiste saberlo, me tocas donde más me fascina, me seduces con todo lo que ella hacía ¿Por qué eres como Mayra?

Camelia: - Porque te amo.

Ubaldo: - No me conoces, y cuando me dices tus "te amo", se siente distinto.

Camelia: - Sé de tu honor, sé de ti, conozco partes intimas tuyas, sé de tu lunar bajo las pompis, al lado de la pierna izquierda, es un lunar en forma mitad sol.

Ubaldo: - ¿Cómo puedes saberlo? ¿Cómo? Nunca me has visto las piernas y menos me habrás visto en ropa interior ó al desnudo.

Mientras las cosas que camelia hace, ponen en que pensar a Ubaldo, al parecer sus hijos —dos adolescentes de entre once y doce años— juegan en el cuarto de juegos. Estaba uno en cada esquina, cuando de repente una pelota pegó fuertemente contra la cabeza de la niña, quien pronto actuó contra su hermanito.

La niña: - ¿Por qué lo hiciste?
El niño: - ¿Hacer qué?
La niña: - No te hagas.
El niño: - ¡No hice nada!
La niña: - Tramposo.
El niño: - Yo no hice nada.
La niña: - A mi papi le voy a decir.

Después que ambos niños volvieron a sus respectivas esquinas de juguetes, esta vez una pelota golpeó con fuerza al jovencito; parecía que alguien invisible a sus ojos se divirtiese poniéndolo en entredicho.

El niño: - ¡Me pegaste!, y yo no te hice nada.
La niña: - Yo no te pegué, yo no tomo revancha de tus malos tratos, tú si me pegaste ¡Loco y feo!
El niño: - Yo no te hice nada.
La niña: - Sí lo hiciste, a mi papi se lo diré, le contaré que me pegaste muy duro con esa pelota de trapo.

De un momento a otro los juguetes parecían enloquecer, tomando vida atacaban a los niños, los niños se abrazaban y estaban admirados ante lo que ocurría con sus juguetes. Cuando los infantes trataron de salir de aquel cuarto, algo extraño se había adelantado a ponerle seguro a la puerta; evitándoles poder salir del área donde se encontraban llenos de miedo y terror ante sus juguetes vivos.

### *Hospital Mental.*

Reily podría terminar libre de sus amargas ataduras; es que su madre ha vuelto a sabiendas de que quien le quitó la vida está en el cuerpo de su hijo.

La enfermera volvió a visitar al enfermo de las cadenas, sabía que este decía cosas que la ponían en que pensar; esta vez sorprendida será como quedaría. Sin haberla sentido y visto llegar, le estaba hablando con tanta seguridad, ya que aquel joven estaba viendo la blanca pared de donde no quitaba su vista, donde ya se había pintado la ciudad del Líbano. En los alrededores de la misma pared había muchas grietas con sangre, cucarachas recorriendo las paredes y malos olores.

Reily: - ¡Jajaja! ¡Mayra Farías! ¡Mayra Farías! ¡Ah, Mayra Farías! Volvió por su familia; con esos aires de diva drogada reconquistará a su marido bajo la identidad de otra persona. Mayra es una asesina, por eso la maté, ella ahora mismo está con su marido.
Arely: - ¿Qué? Esa perra infeliz está muerta y los muertos no se levantan de sus tumbas; los que son tan malditos como ella no vuelven, menos vuelven de sus tumbas los que tantas cuentas deben. Lo que ocurre con ese tipo de muertos es que jamás se quieren ir de este mundo, no quieren dejar lo vano, se creen con vida y se les olvida que están muertos.

Para la enfermera esto era de súper impacto, de aquel demonio sus ojos se le torcieron y hasta blancos se pusieron, su cabeza giraba como la de un muñeco de cuerda. Momento en el que la enfermera no pudo entender que era la cara de aquel niño la que aparecía con cara de hombre rasguñado y ensangrentado. Sí, Reily tenía dos caras, la verdadera que estaba intacta y la otra que se había posado sobre su espalda, empalideciendo a dicha mujer; el loco de las cadenas tenía dos caras, cosa que Arely no notó.

Reily: - ¡Decías!
Arely: - Los muertos no vuelven de sus tumbas ¡No!
Reily: - ¿Entonces porque estoy aquí?
Arely: - ¡No!
Reily: - ¡Sí! Y deja de gritar, los gritos me aterran.
Arely: - ¡Me das miedo!
Reily: - ¡Buu!
Arely: - ¡No puedo creerlo, tu cabeza giró!, tienes tu rostro sobre tu espalda, tus ojos blanquearon, esto debe ser locura pegajosa.
Reily: - Si me miras, verás un espejo del mundo, si me escuchas sabrás que comparto tu universo ¡jajaja!
Arely: - ¡Aleluya!
Reily: - ¡Cállate!

Un estremecedor grito puso los pelos de punta en la enfermera, pues de la boca de aquel vio caer enormes cantidades de cucarachas que la seguían a ella, y es que este maléfico espíritu encarnado no consentía ni una sola frase religiosa.

Bajo el cuerpo de Camelia Perla se esconde en verdad Mayra Farías, quien ya consiguió que su marido se acostara con ella; ella podría comenzar a hacer planes de quedar en el mundo de los vivos —al que ya no pertenece— sin sospechar que hay un hombre que está dispuesto a ser el héroe de Camelia; aún así la vida no le permita cristalizar su amor con ella.

Por otra parte, los pequeños hermanos de Reily podrían estar en manos de otro pequeño terror envenenado, otro maléfico espíritu que tiene que ver desde su infancia con el Day Care. ¡Sí!, y es que tras la pista de su hermanito, Toñito ha llegado a casa de los Sarmiento Farías. Últimamente ha estado viniendo a jugar con los niños que le tiene miedo, por el simple hecho de no mirarlo; él se ha dedicado a divertirse poniéndolo a pelear y ocultándoles los juguetes.

Los pequeños hermanitos Sarmiento Farías, bajaban las escaleras corriendo muy felices, llenos de sonrisas que se escuchaban con mucha felicidad por toda la casa. Tras bajar las escaleras se escuchaba otra vocecita que les pedía le dejaran jugar; arrojaba un balón de fútbol que corría por las escaleras, una de las sirvientas que limpiaba, no se explicaba de dónde salía ese balón, ¡si los pequeñines estaban llegando al área de juegos!

La empleada añadía: - ¡Qué raro! ¡Juraría que alguien la tiró!

En el área de juegos aquel misterioso infante podría dejar de ser misterioso; es que un deseo de sentirse parte de los juegos lo añadiría a divertirse.

El espíritu infantil pasó corriendo, le dio una palmada en las manos a la niña, después empujó fuertemente al niño, quien cayó de boca sobre unos juguetes, sin hacerle daño alguno más que el susto.

La niña: - Algo me pegó en la mano.

El niño: - Y a mí me empujó y me tiró al piso.

Los dos niños dijeron: - ¿Escuchas?

Toñito decía: "¡Quiero jugar!".

La niña: - ¿Sal de donde estás?

El niño: - Danos tu rostro.

Apareció ante ellos un niño de menor estatura que ellos, pero en su apariencia parecía tener demasiada edad como para querer jugar; era un hombre adulto en cuerpo de niño, los niños se miraron entre si, y aceptaron dejarlo jugar.

El niño: - ¿Por qué quieres jugar, si te vez muy grandote?

Toñito: - Porque yo nunca he podido jugar con nadie.

La niña: - ¡So cute!

Toñito: - Mi mami es muy pobre, mi papi se murió, no pude tener ni un solo juguete y ustedes tienen muchos, ¡siento ganas de tener una cantidad así de juguetes!

El niño: - Puedes jugar.

La niña: - ¿Cómo te llamas tú? Yo me llamó Ileana.

Toñito: - Y yo soy Antonio Rosales Castellón, me dicen Toñito.

El niño: - Yo soy Carlos y me dicen Carlitos.

La niña: - Juguemos a que tenemos poderes.

El niño: - ¡Ay sí, sí! Y yo soy el Hombre Araña.

La niña: - Yo, la Mujer Maravilla.

Los dos niños dijeron: - ¿Y tú quién vas a ser?

Toñito: - Yo seré, Súper Toñito.

La niña: - Mis poderes son los dulces y los chocolates, si les doy de esos entonces los habré matado.

El niño: - Y los míos serán los juguetes, con ello derrotaré a monstruos.

La niña preguntó: - ¿Cuáles son los tuyos?

Toñito: - Levantar cualquier cosa sin tener que hacerlo yo, disparar rayos por mis ojos, sacar mi lengua y abofetear fuertemente; tengo muchos poderes.

El niño: - ¡Jajaja! ¡Nada de eso sabes hacer!

Toñito: - Sí puedo, quieren verlo.

La niña: - ¡Sí, sí, sí!

El niño: - ¡A ver, hazlo!

Sorprendidos se quedaron los pequeños cuando aquel niño cerrando sus ojos movió la mesa de ping pong y la hizo llegar hasta la puerta; poco después sus ojos lanzaron rayos que destruyeron algunos de sus mejores juguetes; por ultimo abrió la boca y con su lengua los ató, los puso sentados sobre un par de sillas. Así los dejó aquel infante, desapareciendo justo cuando la sirvienta entró y los encontró de tal manera.

La sirvienta: - ¡Jesús, María y José! ¿Quién les hizo esto?
El niño: - Fue To...
La niña: - Fue todo obra de nosotros.
El niño: - Sí, nosotros.
La sirvienta: - ¿Y cómo lograron mover esa pesada mesa hasta la orilla de la puerta?
El niño: - Estábamos jugando a que teníamos poderes.
La niña: - Lo hizo un niño que tiene poderes.
El niño: - Sí, se llama Súper Toñito.
La sirvienta: - ¡Niños! ¡Niños! que linda imaginación tienen, vamos, los llevaré a tomar sus frutas, les lavaré las manos y les pondré su programa de televisión favorito.
El niño: - Ya vamos. "Salió la sirvienta".
La niña: - ¿Dónde está mi muñeca de Dora?
El niño: - ¡No lo sé!
La niña: - La escondiste tú.
El niño: - ¿Y si la secuestró Súper Toñito?
La niña: - ¡Ay no! Ese niño es malo, tiene poderes.
El niño: - Tampoco está mi carrito favorito, sin mi carrito no puedo dormirme.
La niña: - Yo no sé.
El niño: - No me gusta ese niño ¡Es malo!
La niña: - Y tiene cara de grande feo.

En el piso estaba sentado el súper Toñito, estaba aún jugando con los juguetes de los niños, armando un castillo; los niños salieron de aquel lugar. Toñito se sintió al fin feliz, pues nunca en su vida pudo ver tantos juguetes, la vida no le dio más que unos cuantos juguetes viejos y usados, su infancia había sido demasiado corta. Hoy muerto podía sentirse envidioso de lo mucho que tenían otros niños, algo que para él era injusto.

*Houston TX.*
*Hospital Houston.*

La tía Alba es la única pariente de Camelia; esta noche ella sabrá que la joven ha vuelto de la coma y con la misma ha desaparecido.

El hospital donde Camelia pasó sus últimos diez años, hasta ahí es donde la tía fue a buscarle; las enfermeras le informaron que la joven se había marchado del hospital hace unos días.

Ronix no deja de acordarse que tras despertar Camelia afirmó llamarse Mayra, por lo que se ha dedicado a conseguir información de quién fue Mayra. Al descubrir que Mayra está ocupando el cuerpo de Camelia, sabe que un muerto está entre los vivos, imitando todo cuanto puede de la joven.

Transcurrido un par de días Camelia parece ser ama y señora de la vida de Ubaldo Sarmiento, pero hasta hoy ella no ha sabido como tener un reencuentro con sus hijos. Lo que sí es ya un hecho es que Reily podría tener un cambio, una libertad que le dará paso a lo monstruoso, a una venganza que va a satisfacer por fin el deseo de largos años de sangre que ha corrido en un pueblo. Ya el maléfico espíritu encarnado está oliendo la libertad, el sabor de una guerra sin tregua donde muertos y vivos darán la pelea final.

*Hospital Mental.*

Arely fue a ver al paciente Reily Zaragoza Farías, esta vez fue en compañía de Camelia Perla "Mayra Farías"; sorprendida se quedó la enfermera al escuchar que el joven sin haber visto quienes estaban ahí, había expresado opiniones. Ella como siempre prefería pensar que en lugar de un demonio, el joven era simplemente un adivino; pero realmente ella sí sabía que dentro de ese chico había un demonio.

Reily: - ¡Te lo dije! ¡Te lo advertí! En guerra anunciada no muere soldado. ¡Mayra Farías volvió! ¡Jajaja! ¡Volvió! ¡Volvió Mayra Farías!

Arely: - Vuelves a equivocarte Reily.

Camelia: - ¿Reily?

Arely: - ¡Dile que una muerta no vuelve de su tumba!, él dice que su madre volvió a la vida, ¡dile que no es cierto!

Camelia: - ¿Y tú qué opinas? ¿crees que los muertos vuelven?

Arely: - Yo sé que los muertos tienen tres caminos, el paraíso, el infierno o divagar en el purgatorio hasta poder resolver sus asuntos; qué se yo, cosas o deudas que en vida no pudieron satisfacer. Habrán tantos muertos divagando en la inmensidad, algunos buscando el perdón, otros sufriendo por tanto mal causado, arrepintiéndose tarde. Otros ansiosos de no partir de este mundo, aunque ya no pertenezcan a él, ¡es mi pensar!

Camelia: - ¡Ooooh! Buenos puntos.

Reily: - ¡Arely Zapata!, quiero ver a mi psiquiatra, es hora de partir de este lugar.

La malevolencia tomó un nuevo rumbo, y es que a partir de hoy todo será diferente; no habrá tiempo ni espacio para la batalla final. La enfermera fue por el psiquiatra, mientras Mayra afiló las garras de la maldad para instruir a quien ocupaba el cuerpo de su hijo, ante lo que debía hacer si quería salir de ese lugar.

Camelia: - Tienes que dejar en paz a mi hijo, ni yo sé quién demonios seas; en la inmensidad oscura hay tantas almas penando, que no sabría reconocerte ¿Quién eres? Eres el mismo infeliz que me quitó la vida, Jefferson Zaragoza Dalton, el bastardo hijo de mi ex marido.

Reily: - ¡No! y tampoco te diré quién soy, hasta que sea su debido momento.

Camelia: - ¿A quién buscarás?

Reily: - Sé donde está mi víctima, y la vengo torturando en sueños desde hace unos años.

Camelia: - El tiempo se agota, vi la luz de tu vela, pude ver que te queda muy poco tiempo en este mundo, pues ya tomaste demasiado tiempo en el cuerpo de mi hijo.

Reily: - Lo sé, me restan solo siete días, siete noches, aparte de todo el tiempo no es justo, la persona que busco tiene siete días y siete noches igual que yo. O salgo de aquí, o la justicia no será mía, y todo lo que hice desde hace tantos años, habrá sido en vano.

Camelia: - ¿Por qué deseas ver a un psiquiatra?

Reily: - Porque soy un bebé, bebito con muchos, muchísimos polemas ¡jajaja!

Camelia: - Si quieres ser libre, actúa, te necesito libre, no quiero a mi hijo en este lugar ¡Entiéndelo!


### Líbano.
### Monasterio de Annaya. Líbano.

El tiempo se acorta, por lo que Reily podría salir del hospital para saciar sus caprichos de muerto; por otra parte en **Líbano**, en el **Monasterio de Annaya** un anciano paga por sus errores y con ello podría llevarnos a descubrir insólitas dudas.


Un sacerdote acompaña a un anciano que está penando tanto para morir, pues los pecados son grandes por los errores de juventud y descuidos irresponsables que lo atormentan.


Eros: - ¡Padre!

Sacerdote: - ¡Hijo!, los pecados son perdonados si profesas arrepentimiento de corazón.

Eros: - Mis pecados no tienen perdón.

Sacerdote: - Habla hijo, te estoy escuchando, desahoga lo que te asfixia el alma, hablar es darle un respiro a nuestro atribulado espíritu.

Eros: - En mi juventud cometí un pecado por lujuria, mentí, engañé, prometí cosas que no cumplí, rechacé también a un hijo mío, desaparecí a mi primogénito, a mi único hijo. No tengo perdón de Dios, el cielo se enojó conmigo y abrió para mi vida un abismo al infierno.

Sacerdote: - ¡Santísimo sacramento del altar! ¡Señor del cielo! ¡Padre celestial!

Eros: - Ahora ese hijo me llama, lo veo en mis agonizantes días, si duermo ahí está diciéndome << ¡Papi! ¡te encontré papi!>>, perturba mis sueños, no puedo morir hasta encontrarlo. Mandé a buscarlo, nadie supo darme razones de él, hasta hace pocos días fue que recibí la noticia.

Sacerdote: - ¿Qué ocurrió?

Eros: - Tanto mi hijo, como la madre de él, ambos murieron; por si fuera poco, ayer vino el médico y me dijo << ¡Lo siento Eros! Solo te quedan siete días y siete noches>>, ¡moriré padre!

Sacerdote: - Debes pedir perdón al cielo, debes hacerlo de corazón, solo así podrás sentir el arrepentimiento por tus pecados.

Eros: - Repetidamente, escucho unas extrañas voces, a veces las de un niño llorando y a veces las de un hombre que se carcajea siniestramente, diciéndome: << ¡*Falta Uno*!>>. Sabe padre, sé que ese que falta soy yo, y ese que me busca es mi hijo, que de alguna manera desde la otra vida quiere que esté con él y con su mamá.

El peso de los errores a veces es muy grave y no se puede descansar o estar en paz, hasta que se consigue el perdón.

### Estados Unidos, Fairfax, VA

Reily se hallaba con su psiquiatra, alguien a quien convence de su tan enorme y milagrosa recuperación.

Reily: - Creo que el ver a mi amada Camelia, desbloqueó de mí todos mis momentos de vida, los recuerdos con mis padres y hermanos; sé que mi madre falleció; yo caí en una inexplicable depresión, ya no quiero estar aquí, no quiero perder mi vida en este hospital.

El psiquiatra: - La depresión es mortal, mas en ti es demasiado severa, quiero que cuando te sientas deprimido me llames, fui el psiquiatra de tu madre, tienes su misma depresión, una enfermedad que heredaste. A veces cuando nos ocurren capítulos feos, nos ocultamos en depresiones, callamos, lloramos y nos debilitamos tragándonos el dolor o algún otro tipo de sentir.

Reily: - ¡En efecto, doctor!

El psiquiatra: - Debo decir que en verdad es un milagro tu recuperación; pero entre el cielo y la tierra los milagros ocurren; no lo pongo en duda, Dios tiene más poder que cualquier humano.

Reily: - Lo sé.

El psiquiatra: - ¿Qué hay de aquello que me dijiste que moriste de tres años? ¿Podrías hablarme de eso? Cuéntamelo, ordenemos el ayer.

Reily: - Eso de que morí era en sentido figurado, murió mi alma.

El psiquiatra: - Háblame de tu infancia.

Reily: - Mi nombre completo es William Carrión Rosales, era hijo de Giselle Rosales Castellón y Eros Carrión Faraón; mis abuelitos eran Fermina Faraón de Carrión y Guillermo Iván Carrión ¡Malditos los Carrión Faraón! Fui pobre, rechazado, bastardo, ilegitimo, rechazado por mi padre y mis abuelos. Mi mami, mita tenía muchos polemas, ella decía que eran polemitas, así de chiquitos; pero yo sabía que eran polemotas. Después que morí, pude viajar en el ayer y verlo todo, a ella me la engañaron, me la usaron, la destruyeron por lujuria y pecado ¡Maldito Eros Carrión Faraón! De los míos solo ¡**Falta Uno**!. "Actuaba entre niño y adulto, admirando al doctor".

Psiquiatra: - ¿Por qué tu mami tenía problemas?

Reily: - Mis abuelitos no me querían, decían que yo era solo el hijo de una criada de su casa de vacaciones; me miraban y se cubrían el rostro, me tenían miedo, asco; decían que mi nacimiento era el pasado de una aberración en el mundo. No tuve derecho a la vida, no tuve la oportunidad de jugar, la oportunidad de que mi madre y mi familia me dieran una sonrisa; en lugar de sonrisas hubo llantos, lágrimas, insultos y hasta asco para mí ¿Por qué eso? ¿Por qué no pude tener juguetes? ¡Mire!, puedo ir a casas de niños y todos tienen juguetes, unos padres que los aman ¿Y por qué yo no? ¿Por qué? Solo siento rencor por lo que nunca tuve.

El psiquiatra: - Sigue.

Reily: - Solo quería una familia, quería a mi papi, a mi mami, a mi hermanito; como no los tenía, decidí tomarme licencia desde el infierno, vine en busca de ellos. Aproveché la muerte de un engendro del pecado, un bebito que fue lanzado a un río, usé su materia para venir a este mundo, conseguí causar terror, seguí y seguí a mi madre hasta llevármela con mi hermanito. Pero llegar a él no pude, no podía, necesitaba un cuerpo sano, joven, ágil y no depresivo; sabía que Reily Farías iría tras la verdad de la muerte de su hermano. Lo esperé donde el niño fue asesinado, lo posesioné y desde entonces uso su cuerpo, he sido astuto, lo dejo dormir para que así su cuerpo no pierda la vida.

El psiquiatra: - ¿Qué?

Reily: - Solo falta uno.

El psiquiatra: - Al contar tres y sentir el tronar de mis dedos despertarás de la hipnosis, no recordarás nada de nada, todo cuanto me hayas dicho no sabrás que me lo dijiste.

Reily: - ¿Qué pasó doctor?

El psiquiatra: - Nada, puedes marcharte.

Reily: - Doctor, gracias por la firma; por cierto yo soy hijo de Mayra Farías y Demetrio Zaragoza, todo cuanto le dije lo recuerdo, ¡no juegue con mi salud mental! ¡querido! Creo que usted está un poco agotado, le daré un viaje por el otro mundo, allá nos veremos mi doctor ¡cuídese!

El psiquiatra jamás se esperó haber estado tratando con alguien que estaba más allá de sus capacidades, puesto que él no era un psiquiatra que atendiese muertos rencorosos con la vida. Una lámpara de mesa estaba conectada a la corriente, extrañamente se desconectó, el cable se posó tras del psiquiatra, como si fuese este una serpiente; se enredó en el cuello de aquel hombre mientras lo asfixiaba, el maléfico espíritu añadió: "¿Sabes por qué mi cuello siempre está inclinado sobre uno de mis hombros? ¡Uy! que mal, tendrás que adivinar el acertijo, yo no te daré la respuesta, mira por mis diez dedos de las manos que no te lo diré; descúbrela doctor, lo que si sé, es que morirás así mismo". De lo dicho a lo hecho el doctor murió, quedó sentado en su silla, con el cuello sosteniéndolo sobre el hombro izquierdo, mientras aquel susodicho se llevó con él su libertad. De igual forma todo parecía que el doctor no hubiese sido atacado, sino que murió repentinamente.

La libertad de las ataduras es un triunfo para la malevolencia de los encarnados, por lo que a partir de hoy la cuenta regresiva no tendrá piedad de nada.

La malvada madre sacó a su hijo del hospital mental, lo devuelve a la casa donde habitará la muerte. Mayra vino por el perdón de su hijo, y en esa búsqueda se llevará a sus otros dos hijos y a su marido.

Bajo el techo de la Mansión Sarmiento, habitan dos seres sin vida, que pertenecen a otro mundo. Esta noche reunidos en la sala, se encontraban disfrutando de ver la recuperación de Reily, quien como si nada admitía la relación de su padrastro con su ex novia. Ella por su parte disfrutaba a los niños, y a pesar de darles mucho cariño, se podía notar la frialdad que la describía; los niños jugaban corriendo de un lado para otro, pronto Reily con Camelia se vieron las caras; ya que se dieron cuenta que los muertos que habitaban esta mansión no eran solo ellos. Aquí también se encontraba otro más, un niño feliz con dos niños vivos; a veces el niño lloraba porque sentía no ser tomado en cuenta en el juego. Así que por su enojo cometió un error, lanzó el carrito que tanto había buscado aquel niño junto al carrito y la muñeca. Ambos juguetes por su peso cayeron sobre una mesa de vidrio y quebraron varios portarretratos y adornos, hecho que puso a Ubaldo en qué pensar. Y para cerrar con broche de oro la noche, Camelia "Mayra", sentía que el timbre sonaba; Ubaldo dijo que iría a abrir la puerta, pero lo que este hombre no sabía era que un muerto podía ver más allá de unas paredes de cemento. Los ojos de los muertos podían traspasar cualquier trinchera y a la llegada de la enfermera, Camelia no se quedó pasmada; al contrario actuó de lo mejor con su indescriptible frialdad, al ver entretenidos a aquellos dos ella decidió escucharlos antes de dar cualquier paso.

Ubaldo: - Necesito hablar contigo.
Arely: - ¡Déjame entrar amor!
Ubaldo: - ¡No, por favor aquí no!
Arely: - Adelántame, dime sobre qué deseas hablar.
Ubaldo: - Hace varias noches que siento a Mayra en esta casa, su perfume, las flores que ella usaba, las velas aromáticas que ella ponía para perfumar mi casa. A veces escucho risas de niños, llantos y peleas, arrojan cosas, se escuchan pasos como si esta casa estuviese embrujada, que sé yo, endemoniada. He llegado a fingirme dormido, he notado que ella, Camelia no duerme, no duerme nunca y cuando lo hace se encierra sola.
Arely: - ¡Amor! Sabes que te amo, que siempre te cuidaré, por ello invité a una persona dedicada al oficio de enfrentar demonios y muertos obsesivos que se creen aún con vida. Mira amor no sé si esta persona llegue a tiempo para salvarte, pero siento que tú estás viviendo con muertos encarnados, y sin querer decir nada que te moleste, tu hijo Reily es uno de ellos.
Ubaldo: - ¿Sabes? ¡No sé, no lo dudo, no sé!
Arely: - Por cierto, el doctor Riquelme murió.
Ubaldo: - ¿El psiquiatra?
Arely: - ¡Sí! Murió de la nada, no hay señas de que haya sido asesinado, murió normal, pero lo tan normal a mi no me parece.
Ubaldo: - ¿Por qué?
Arely: - Si notas a tu hijo, te darás cuenta que su cabeza nunca está derecha; durante los años que estuvo interno, así estuvo siempre, con la cabeza sosteniéndosela sobre el hombro, como si le pesase mucho. Así mismo encontraron al doctor ¿no te parece coincidentemente raro?

Ubaldo: - Tal vez parezca descabellado, pero siento que Mayra vive en este mundo, está dentro del cuerpo de mi ex casi nuera Camelia Perla.

Arely:- ¿Qué? ¡Entonces sí era verdad!

Ubaldo: - ¿Qué?

Arely: - Siempre te lo dije, mas ahora que vi la tan milagrosa recuperación de Reily, no creo en ello; hay algo que no es de este mundo, ese algo lo mantiene poseído. ¡Mira!, no quiero parecer loca, pero creo que su ex novia y él no existen por ahora; en ellos puedo sentir a dos espíritus encarnados y encaprichados con no partir de este mundo.

Ubaldo: - ¡No me asustes más!

Arely: - Ronix Alto el espiritista te ayudará mucho; desde infante él fue un gran visionario, sabe ver el futuro, estuvo a instantes de ser un sacerdote, y una visión suya lo impidió.

Ronix se encontraba volando hacía África, lugar donde aprendería nuevas cosas, que le ayudarían a dar una batalla con muertos obsesionados por seguir en este mundo. En su avión se encontraba tomando un trago, de repente se detuvo a pensar ¿cómo es que había empezado todo para él?

En sus memorias nos hizo partícipes de un seminario en Roma, lugar donde estaba ya a solo pasos de recibirse como un nuevo sacerdote, todos los seminaristas estaban en su homilía; pero algo extraño ocurría, al escuchar él las palabras del cardenal *Bernardino de La Ceda*, su mente comenzó a divagar desde Roma, Italia hasta Houston, Texas, Estados Unidos de Norte América. Una sola voz de mujer venia resonándole desde hacía varias semanas "¡Ayúdame! ¡Llámame Camelia! ¡Llámame Camelia! ¡Llámame Camelia!", mientras veía como los demás jóvenes por fin se convertían en sacerdotes; él solo añadió: "¡No puedo! ¡No debo! Estoy huyendo de un don, el don de saber lo que ha de pasarle a alguien, para así poder ayudarle, un don que Dios me ha regalado para poder salvar vidas como las salva un doctor". Pocos minutos después su maestro de teología habló con él, le afirmó que estaba haciendo lo mejor, que le agradaba a Dios aceptándose como era; que no tenía que obligarse a vivir una vida que no le pertenecía, que el sacerdocio debería ser sagrado. También le dijo que él, después de haberse convertido en servidor de Dios, había aprendido a ver el alma de los demás. Que un día había obtenido el privilegio de recibir revelaciones mediante sueños, y que al decirle esto solo trataba de que él fuera al lugar donde los hecho iban a pasar. Que ahí por casualidad u obra del destino, podría evitar que algo le ocurriera a alguien de los que él mirase en sus visiones. Los consejos llegaron tarde, pues la visión pasó de la misma forma que él la vio en aquella reunión religiosa. Una joven salía de la estación del metro, a una calle de distancia se encontraba su lugar de empleo, ella imaginó que la luz había cambiado de verde a rojo. Pero no era así, aún faltaban diez segundos, entonces ella corrió para pasarse cuando de repente vio un carro que venía muy cerca; vio a un joven conduciendo, ella pensó que ese joven era Reily, por lo que no reaccionó. Por obra o maldición aquel susodicho joven no pudo frenar a tiempo y la atropelló. Así fue como a pesar de una tragedia, dos destinos se unieron. Él fue con ella al hospital, se pasó diez años cuidándola, esperando verla despertar.

Ronix: - ¿Que será de ella? Si supiera que estoy viajando hasta este lugar solo por salvarla, que formas tan extrañas tiene el amor para llegar, nunca se sabe cómo y cuándo nos llegará a tocar la puerta del corazón ¡Camelia! - - Mayra Farías tendrá que volver a su tumba y tú serás libre de esa tribulación, podrás criar a tu hijo y si quieres me darás la oportunidad de estar en tu vida porque yo te amo; siento un agujero en mi corazón ahora que no estás presente ¡Protégela San Charbel! Cuida de la mujer que amo, que los malos espíritus no me la dañen.

### Fairfax, VA. Estados Unidos.

El momento más esperado, destruyó a la enfermera, cuando vio salir de la mansión Sarmiento a Camelia, quien lucía radiante pero tenía también un brío sombrío y lleno de frialdad en sus actitudes; hasta decir amor y sonreír era muy frívolo de su parte.

Camelia: - ¡Cariño! te estamos esperando. "Es evidente la frialdad con la que habla".
Arely: - ¡Ella! Ella, es ella, ella...
Ubaldo: - ¿Quién?
Camelia: - ¡Enfermerita, enfermerita! ¡Esta es mi familia, mas respeto, sí!

En manos de la suerte ha quedado el destino final de los Sarmientos, destino que ya estaba mal escrito contra la joven enfermera Arely.

Después del altercado con la enfermera, Camelia fue a su habitación, se acostó, pidió a Ubaldo que no se le importunara; como siempre, él se daba cuenta que ella hacia las mismas cosas que Mayra hacia en vida; que por un solo paso no estaba tan seguro de que fuese la misma difunta esposa suya.

Camelia dormía mientras Mayra abandonaba la materia, Arely conducía y sus ojos lagrimeaban, su mirada se podía notar decaída y triste; era porque presentía que tendría la misma suerte que el psiquiatra. Estos momentos emotivos en ella tuvieron un testigo: la verdadera Mayra Farías, quien había aparecido sentada a su lado en el asiento del pasajero.

Arely: - Ubaldo Sarmiento, tu vida ha quedado marcada como una maldición, esa mujer está apegada a ti, cree que sigue viva; pero ella no se ha dado cuenta que está muerta, que tú tienes derecho a rehacer tu vida. ¡Te amo! pero no sé contra qué estaré luchando, sé que no es con Camelia Perla, de eso si estoy muy segura, no sé si es ella Mayra Farías o es otra alma oscura que se apoderó de esa joven y quiere quedarse en este mundo. No sé que seas, no lo sé y no estaré para averiguarlo, en donde esté solo sé que te amaré siempre.
Mayra: - Haces bien en saber que Ubaldo Sarmiento es solo mío, de Mayra Farías.
Arely: - ¡No! Tus cabellos están mojaditos y llenos de lana verde, tu cuerpo está lleno de babosas, se notan muchas piecitas pegadas, como si hubiese sido partida en pedazos. Y es que eres tú, te he visto en fotos, eres Mayra Farías, sí; supe que tu cuerpo quedó en pedazos pero estás completa; pareciera que las partes de tu cuerpo se unieron y se pegaron otra vez.
Mayra: - ¡Sabes, una cosita!, el amor de una madre buena o mala, santa o perra, siempre traspasará las murallas de la muerte, por eso he vuelto. Volví por mis hijos y por mi esposo, un día nos casamos y ante la sociedad juré amarlo, adivina hasta cuando ¡Habla!
Arely: - ¿Hasta que la muerte les separase?
Mayra: - ¡No! Dije: <<Te amare más allá de la muerte ¡amor mío!>>
Arely: - ¿Viniste a liberar la condenada y afligida alma de tu hijo?
Mayra: - ¡En efecto!, vine a liberarlo de la condena que un muerto como yo, le impuso a mi hijo, quien no merece tal maldición.
Arely: - ¡Déjalos en paz!, tu marido ya padeció tu muerte una vez, no lo harás que la padezca dos veces; también ha sufrido la locura de tu hijo, ha

sabido ser padre, decirle a sus niños que tú te convertiste en un ángel. ¡Y mírate aquí!, eres un demonio, una mujer, digo, un alma frívola. Para huir de tu fantasma, tu esposo tuvo que comprar otra casa, tuvo que olvidarse de ti; no es justo que vengas a importunar su paz y dicha. ¡Si los amas! no los espantes, no los destruyas; el amor es bueno, lo tuyo es capricho, ¡si ya estas muerta!, desaparécete.

Mayra: - ¡Lo amo, lo amo como amo a mis hijos! y si para ser feliz tengo que llevarme a mi familia completa, lo haré, porque en vida ya sufrí y no sufriré toda la maldita eternidad.

Arely: - Quién te dice a ti que después que te los lleves, que ellos no se vayan a un lugar mágico y tú a un ardiente lugar.

Mayra: - ¡Cállate! Ya no quiero partir, me quedaré en el cuerpo de Camelia, viviré su vida, seré la esposa de mi esposo, así tenga que casarme con él bajo la identidad de esta niña: Camelia Perla; de este mundo no quiero partir, amo todo cuanto hay aquí, los lujos, los placeres y el sexo.

Mayra reveló lo que realmente la satisface en el mundo de los vivos, habló y confesó el amor por los suyos como también el amor por lo vano y simple, de lo material que es pasajero en nuestras manos. Tanto decir que ama a los suyos, también lo hacía sentir con mucha frialdad, su amor podía ser real pero no podía sentirse como se siente cuando dos almas se confiesan amor. Pues ella pagaba su condena en el más allá, producto de un sacrilegio que en vida cometió, lo único que la mente de Mayra tenía por conocimiento, era que amaba a los suyos y lo repetía como disco rayado.

Mayra: - ¿Te acostaste con él?

Arely: - ¡No!

Mayra: - ¿Por qué?

Arely: - Yo era su novia pero él jamás te apartaba de su mente, decía que no quería que fuéramos novios sino amigos, pues de su mente no te borraba, a pesar del daño que le hiciste. Porque él se quedó esperándote, me dijo que su alma no daba más abasto, pues te había visto drogarte por largos agonizantes años, pero que nunca le tuviste la verdadera confianza para decirle lo que habías hecho. Nunca le dijiste que mataste a un ángel y reviviste un demonio; pobre de él, tuvo que saberlo por los medios, ¡Mayra, sabes!, yo lo amo, soñé con ser de él, que me amara un mínimo como te amo a ti, ese hombre te idolatra.

Mayra: - ¿Cómo lo sabes?

Arely: - Ve a su antigua casa, ahí encontrarás la respuesta de lo tanto que te ama y te amará ese hombre, y sabes porque lo tienes ahorita, porque el amor ve lo que nuestros ojos no ven. Los ojos de él se han encontrado con tus ojos, el amor ha sabido reconocerse a pesar de estar en otro cuerpo.

Mayra: - ¡Bueno!, si no lo tuviste, tampoco lo tendrás.

Arely: - ¿Por qué dices eso?

Mayra: - ¡Tu lo adivinaste, ya!

Mayra hizo uso de su larga y mojada cabellera, la cual utilizó para maniatar a la enfermera, momento en el que entraban al puente del Río Potomac, lugar que une a dos estados: Virginia y Washington, DC. Con agudeza aquel espíritu hizo que el carro cayera a lo profundo de aquel río, y bajo las aguas Mayra se aseguró de acabar con la enfermera, a quien no dejó salir hasta que le quitó la vida.

Los pecados son actos voluntarios ó involuntarios pero que siempre se facturan para pagarse, y la única forma de que un cuerpo y alma llenos de pecados encuentren paz en la otra vida, es encontrando el antídoto. Ese antídoto se halla en todos los seres humanos, ya que se llama ¡Perdón!, un regalo que Dios nos permitió poseer.

A tan solo seis días y noches el bien y el mal se encuentran en Mayra y Camelia, Reily y un espíritu sin identidad; entre ellos cuatro se debatirá el triunfo o fracaso del bien y el mal, por lo que Mayra dejó dormir el cuerpo de Camelia. Sabe que todo cuerpo necesita un descanso, de lo contrario podría tener problemas de salud, cosa que no le conviene, si desea seguir entre los vivos. Es que por si fuera poco, el cuerpo de Camelia no ha despertado del coma inconsciente. Mayra quería saber a qué se refería la difunta enfermera cuando le dijo que Ubaldo la idolatraba; por lo que acudió a la antigua propiedad de aquel hombre, casa que no estaba en venta y tampoco para renta. Al llegar a la casa se dirigió a la que en vida fuese su habitación, ahí encontró una cama sola, con un florero que tenía flores secas, unos cuantos perfumes empezados, dos anillos de matrimonio, y en la cama un traje de novia. ¡Sí!, era el vestido de novia y el traje que él había usado el día de su boda; pronto ella sintió nostalgia, a pesar de ser un muerto nos mostró un lado sentimental del alma, un lado que no muere.

Sus ojos dieron un vistazo y vio hacia las paredes, estaban repletas de fotos de quien en vida fue ella, parecía un museo histórico, hecho en memoria para una sola persona: "Mayra Farías".

Los eventos podrían tomar un nuevo giro; esta noche la familia se reunió en el comedor, esperaban a la única Camelia Perla, quien pronto bajó vestida y perfumada como solamente la modelo Mayra Farías lo hizo en vida.

Ubaldo: - ¡Reconozco ese perfume! No lo uses más, me afecta, solo ella lo usaba, no la imite, lastimas mis recuerdos. ¡No puedes hacerme eso!
Reily: - ¡Vas a casarte con ella! ¡No veo porque te molesta eso!
Camelia: - ¡A mí no me molesta el hecho de que me compares con ella!
Ubaldo: - ¡No, no quiero!

Por otra parte:
El niño: - ¡Papi! ¡Papi, papi!
Ubaldo: - ¡Dime, campeón!
El niño: - Vi al niño, vi a Toñito.
Ubaldo: - ¿Cuándo y dónde?
El niño: - Lo vi en mi cuarto, lloraba y me decía que quería que jugaran con él, que lo miraran, decía que quería vivir en este mundo.
Ubaldo: - ¿Qué?

Pronto se escucharon unos pasos en la segunda planta de la casa, luego se escuchó el correteo de alguien que subía y bajaba las escaleras rápidamente, y corría de izquierda a derecha en el pasillo de arriba. Ya en la sala una de las sirvientas se había desmayado, pues no había visto a nadie pero se habían caído dos floreros que estaban en medio de una mesa ampliamente difícil de caerse; le habían arrojado al piso el agua con la que estaba trapeando.

Ubaldo: - ¡Muchacha!, acuda a ver qué sucede con su amiga.
La criada: - Enseguida Sr. Sarmiento.
Ubaldo: - ¡Demonios!, no sé qué está ocurriendo en esta casa. "La criada no estaba".
Reily: - ¡Padre!, permite que vaya al baño, enseguida estoy con ustedes.
Ubaldo: - Sigue hijo, iré a ver lo que sucede en la sala.

Reily se condujo al sanitario, sin notar que su padre lo seguía, pues algo intuía últimamente en todos y cada uno de los miembros de su familia; pensaba que se encontraba viviendo entre muertos, por lo que irse tras de su hijo lo llevaría a comprobar a que era cierta su teoría. Se quedó en el pasillo escuchando la conversación de su hijo, a quien se sabía tenía poseído un mal espíritu.

Reily: - ¿Cómo te atreves a perturbar mis planes?
Toñito: - ¡Solo quiero jugar!
Reily: - ¡No es momento de jugar, imbécil! el final se acerca.
Toñito: - ¡Me gusta la familia de Reily!
Reily: - Tienes que marcharte.
Toñito: - Hermanito.
Reily: - ¡Calla!

Días más tarde el momento de llegar hasta el que falta nos llevará a la cima de lo inimaginable.

En el gran continente africano se encuentra el joven Ronix Alto, orientándose acerca de los exorcismos, ya que un momento cumbre estaba por escribirse en su vida.

Como obra de amor, una intensa lucha por defender a Camelia es la que se ha dado el joven Ronix, quien se enfrentará y desafiará hasta la mayor de las bestias: "El demonio". ¿Será que el amor vencerá hasta el final?

### Templo de los Orishas.

Un padrino es quien vela el templo de los Orishas, y con él es que Ronix ha finalizado una preparación de oraciones y bautismos de santidad, y estar listo para exorcizar.

El padrino: - Ronix Alto puedo afirmarle que el ángel de la guarda le protegerá, con usted estará en una gran lucha que está por darse.
Ronix: - Tengo mucha confianza en todos mis Orishas, sé que Dios y los santos no me dejarán solo.
El padrino: - Tu motivación tiene nombre.

Ronix: - ¡Amor! ¡Solo es amor!

El padrino: - Recuerda que el exorcismo necesita de fe, valentía y coraje; significa que veas lo que veas no puedes echarte para atrás, de lo contrario matas o te matan.

Ronix: - ¡No sé padrino!

El padrino: - He aquí la pócima del sueño, debes dárselo a la persona que has de exorcizar, por ultimo no dejes que la gente que vaya a presenciar el acto vaya a poner en duda tu capacidad de exorcizar. Diles que existe el blanco y el negro, el mal y el bien; así mismo existe un vida más allá donde hay confusiones, oscuridad y maldad; donde hay millares de almas tras la luz que les guíe a su destino final, el cielo o el infierno.

### *Aeropuerto de África.*

Ronix subió a su avión privado, recibió notificaciones de sus empleados en la mansión de Estados Unidos.

Aeromoza: - Sr. Alto, le han llamado de su mansión en Houston.

Ronix: - Comuníqueme enseguida.

Camelia y Reily no existen más. Ahora solo hay dos muertos haciendo uso de tales cuerpos, por lo que esta tarde Reily entró al baño, lugar donde se puso a discutir con el espíritu de Toñito.

Reily: - ¡Te he dicho que te marches!

Toñito: -¿Qué hay de tu historia William Carrión? ¿Por qué quieres vivir?

Reily: - Porque la vida no me dio la oportunidad de gozar del mundo, yo nunca he muerto, nunca pude pasar de la inmensidad al paraíso o al infierno.

Toñito: - Tuvimos la misma suerte, nunca pude gozar de todos los lujos y placeres que gozan los hermanitos de Reily.

Reily: - ¿Te gustaría quedarte entre los vivos?

Toñito: - No tengo nada en este mundo, nada me ata.

Reily: - Quien dice que necesitas tener algo, basta con que lo desees.

Toñito: - Quiero estar dentro de un cuerpo vivo por una noche.

Reily: - Perfecto, iremos a una discoteca o algún lugar alegre.

El destino de la familia de Mayra sigue en manos de seres con deseos de pertenecer a este mundo, quienes en sus adentros están llenos de rencor por no haber tenido las oportunidades que otros tienen.

Bailar, cantar, disfrutar de una noche loca, fue lo más maravilloso para los muertos entre los vivos; por lo que esta noche Reily, su novia "Mayra" y sus dos hermanitos fueron hasta un reconocido restaurante en Washington DC. Al ritmo del ¡Bon, bon, bon!, comenzó la ardiente noche de baile, donde Mayra y Reily formaron parte de un concurso de baile. Por sus tan asombrosos pasos de baile con un compás único, ganaron el concurso; recibieron un premio de quinientos dólares en efectivo.

Reily: - ¡Esto es vida hermanito!
Toñito: - ¡Si que lo es! Me gusta este cuerpo, la gente me ve, me sonríe, no me ignoran, existo.

Mayra debe aceptarse muerta o de lo contrario penará sin el perdón de su hijo, y ahora tampoco encontrará el de el resto de su familia.

### Houston, TX
Alba, la tía de Camelia, tras descubrir que su sobrina despertó, fue a buscarla pero esta desapareció sin dejar rastro; por un corto tiempo decidió buscarla, al no encontrarla buscó a quien la arrolló, este le relató todo cuanto pasaba realmente. Le dijo que tratará de advertirle a quien pudiese de que Camelia no era Camelia, sino alguien que la posesionaba, que había mucho peligro. Puesta en antecedentes fue muy tarde para avisarle a Ubaldo, pues este hacía ya sus reproches a Mayra Farías, quien lo llevaría hasta la muerte.

### Fairfax VA.
### Mansión Sarmiento (ubicados en la sala)
El magistral momento llegó para Mayra Farías, quien dejaría a los suyos.

Ubaldo: - ¡Reily! lleva a los niños al cuarto de juegos.
Reily: - ¡Enseguida!
Ubaldo: - ¡Ya, habla! -"molesto".
Camelia: - ¿Qué ocurre amor?

Ubaldo: - Hasta decir amor te suena frío, solo los muertos son tan fríos como tú.

Camelia: - ¡Yo no! ¡No estoy muerta! ¡No lo estoy! ¡Yo no! ¡No! ¡Maldita sea! ¡Yo no! ¡No es justo!

Ubaldo: - ¿Justo?

"¡Llámame Camelia! ¡Llámame Camelia! ¡Llámame Camelia!", repetía la voz de Mayra.

Ubaldo: - ¡Justo! ¡Justo! ¿A qué llamas justo? ¿Con que cara pides justicia? ¿con la de Camelia Perla? ¡Por qué la tuya, no la das!, ¿cómo puedes pedir justicia si cometiste un sacrilegio, profanaste el don de la vida?

Camelia: - ¡No conoces mi versión!

Ubaldo: - No existe alegato alguno que sirva para tu defensa contra la profanación de una vida, no tenías por qué quitarle la vida; el único que da y puede quitar esa vida es Dios! ¡solo Dios!

Camelia: - Escúchame esposo mío, después me juzgas y haces tu propio juicio.

En algún lugar del mundo, por los aires viajaba en su avión privado, aquel joven que hacía todo por prepararse para un ritual de exorcismo; pero una nueva visión guiada por la voz de siempre lo llevó a conocer el mayor de los secretos sobre el espíritu que posesiona a Reily.

Aquel joven —en la visión se veía llegando a Líbano— leía el nombre de un

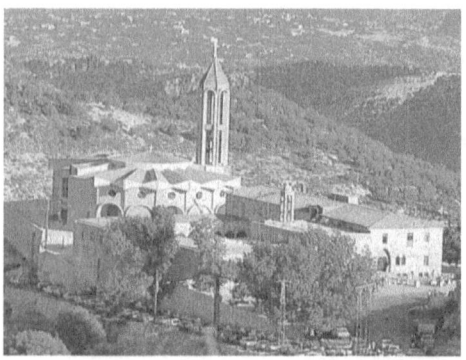

sacrosanto lugar; era este un monasterio y en la entrada principal se podía encontrar una representación de piedra, era la imagen de San Charbel, el nombre del lugar era; "Monasterio de Annaya". Ahí se veía él mismo adentrándose por unos caminos, donde atendido por una monja, a lo lejos una enfermera caminaba mientras empujaba a alguien que estaba en una silla de ruedas. Aquella enfermera se conducía a una solitaria y fría habitación, en esa habitación, en la entrada junto a la puerta, había una maqueta con un nombre "Eros Carrión". Tras finalizar su visión, el joven ordenó cambiar el curso del viaje, pidió que se dirigieran a la república libanesa.

Los reproches y las heridas por fin podrán cerrarse, las tantas preguntas sin respuestas al fin también tendrán sus respuestas, esta noche en la mansión de los Sarmiento.

Ubaldo: - ¡No sabes, cuantas noches me pregunté! ¿Qué hice y que no hice por ella? ¿Por qué siempre se drogaba? ¿A qué le temía? ¿Cuáles eran sus miedos? ¿Qué motivos la obligaban huir de la realidad? ¡No entendía nada, no podía. Mi mente no daba por mas novelista que haya sido, mi mente no entendía que mi vida era semejante a la de una de las telenovelas que diariamente filmábamos en la productora. ¡Amor! yo te daba, te amaba con toda la intensidad de mi corazón, te amaba con locura, te protegía, eras mi noche y mi día, mi sol y mi luna; eras una esposa, una madre, una mujer y una amiga. No era lo mejor pero era lo que yo amaba, aun dándote todo mi amor, seguías evadiendo un ayer, un ayer que era tu pasado, tu presente y hasta tu futuro fue.

Mayra: - No podía alejarme de las drogas, desde que las probé, no pude, me sedujeron, me obligaron a depender de ellas, más por lo que había hecho. Fue un vicio que aprendí para desestresarme cuando empecé mi carrera de modelo; después que cometí aquel pecado mortal, fue un estúpido acto imborrable, seguí usando y abusando de las drogas. Tenía que acallar los demonios de mi conciencia, era lo único que me alejaba de un mundo adúltero y pecador, tantas, pero tantas veces trate de decírtelo, ¡no pude!, no encontré el momento, no estuve preparada. ¡Nunca lo estuve!, intenté decirlo, tenía miedo a que él te matara, él me amenazaba en sueños, y yo sabía que antes que yo, estaban ustedes, mi familia, ¡vine por mi familia!

Ubaldo: - ¡Tienes que irte!

Mayra: - ¡No! Yo pertenezco a este mundo, ¡si me voy, no me iré sola!

De pronto, las despiadadas obras del mal causaron algo realmente asombroso, Mayra dirigida por un impulso demoníaco, usó infra-poderes, violentamente arañó el cuerpo de aquel hombre, momentos en el que el teléfono sonaba y sonaba. El tiempo parecía pararse, nadie se asomaba a la sala, pues Mayra estaba furiosa; las paredes de aquella sala se habían llenado de lana verde. Parecía que ellos dos estuviesen dentro de un cubro verde naturaleza; los cabellos de aquella mujer se habían enredado en el cuello de tal hombre, quien parecía estar muriendo asfixiado. De repente su furia era contraatacada por fuertes dolores de cabeza, temblores de cuerpo completo. ¡Sí!, era porque Camelia había despertado y quería retomar su cuerpo y despojar a Mayra. El hombre vio como los cabellos perdían fuerza, se quedaba atónito al ver los movimientos de Camelia y Mayra, que peleaban por dominar un solo cuerpo. Ubaldo escuchaba una voz en la inmensidad; era la voz de camelia que le decía: "¡Llámame Camelia! ¡Llámame Camelia! ¡Llámame Camelia!", repetía una voz dentro de su mente.

Camelia: - ¡Sr. Sarmiento!, soy yo Camelia, no soy ella, dígale que no lo mate, dígale que usted debe proteger a su nieto, a mi hijo, al hijo de Reily. ¡Escúcheme!, soy yo camelia, por favor no me dejen sola, no permitan que ella se adueñe de mi cuerpo; si ella lo posee moriré yo, y no sabrán donde esta mi hijo.
Mayra: - ¡Maldita! ¡Tú estás muerta, ahora la viva soy yo, Mayra Farías!
Camelia: - ¡Vete! Deja mi cuerpo en paz.
Mayra: - ¡Cállate!

Pronto se apareció Reily, dejando sin aliento a su padre, quien al escucharlo hablar incoherentemente —como si fuese un niño entre tres a cinco años— al fin había comprobado que ese no era su hijo, y que Mayra había vuelto en un cuerpo ajeno.

Reily: - ¡Papi! ¡Papito! ¡Quiero a mi papi! ¡Ese no es mi papi! ¡Ese es mi papi! ¡Mami! ¡Quiero a mi mami! ¡Hermanito! ¡Quiero a mi hermanito! ¡Quiero a mi familia! Mi papi me dejó solo, doctor yo fui solito, sufrí mucho, morí chiquitillo ¡Tú no eres mi papi!
Ubaldo: - ¡No!
Reily: - ¡Papi! ¡Tú no eres mi papi! ¡Yo quello a mi papi!, tengo muchos polemitas y tú me estorbas, solo así puedo desahogarme de mis polemas ¡Ay que polemas! ¡La vida sin polemas no es vida! Se me olvido que no tengo vida, la paz sin polemas se puede sentir liviana ¡Jajaja!
Ubaldo: - Eres una encarnación del demonio, ¡no lo puedo creer! ¡Eres un rencor!

Reily: - No me llamo así, y he aquí la maestra del rencor, ella nos enseñó que el rencor es un buen alimento para desahogar las tristezas del alma ¿o se olvidó de que ella asesinó a un infante de solo tres años? ¡Mami, mamita! ¡Me llamó encarnación del demonio! ¡Yo no me llamo encarnación del demonio! ¡Mami!, no me gusta hacer lo que voy hacer; pero lo haré. Me obligan las circunstancias, mi nombre no es encarnación, mi nombre es odio, maldición; yo soy William Carrión Rosales ¿lo escuchaste?, soy William Carrión Rosales, ¡claro que lo escuchaste! ¿A dónde vas? ¡Maldita! Ciérrale las salidas, ¡que no encuentre más salida que la mismísima muerte! ¡Que te haga compañía en el infierno! ¿No que es tuyo? ¡Llévatelo!

Ubaldo intentó salir con vida, pues la lana de aquellas paredes no había cubierto lo que eran áreas que unían los salones; así que de inmediato aquello comenzó a convertirse en un muro que se formaba de esponjas de mar. Era de locura ver como este hombre hablaba como un bebé, hecho con el que hacía temblar al Sr. Sarmiento, quien veía las paredes de la sala de su casa rodeadas de lana verde. Y nada que decir de aquellas gradas que parecían tener alfombra verde; las salidas que conectaban a las diferentes áreas estaban cubiertas de esponjas; este hombre quería pensar que estaba solo dentro de una pesadilla.

Camelia "Mayra": - ¡Cariño! ¿qué harás?
Reily: - Ya lo verás maestra asesina de bebés.
Camelia: - ¡Cállate! ¡Bastardo infeliz!
Reily: - ¡Estúpida!, tú y yo somos dos seres vacíos de sentimientos, a los que nos reemplazaron la pureza con el dolor y el ciego rencor; es eso lo que ahora nos tiene aquí, un rencor que ha dado paso a la persecución del único ser que me hace falta. Si, solo ¡*Falta Uno*!, uno del que ya estamos muy, pero muy cerca de encontrar.

El joven Reily se fue corriendo a un cuarto, donde estaban los niños, Mayra resulto arrepintiéndose y convirtiéndose en la traidora.

Mayra: - Vine por mi familia.
Ubaldo: - Somos los seres que te amamos, no nos hagas esto.
Mayra: - Nunca pude ser madre, menos mujer y amiga.
Ubaldo: - No lo intentaste, solo te aferraste a huir de tu culpa.

Mayra: - Nunca supe hacer una familia, hoy quiero a mi familia, quiero a mis tres hijos y a ti mi esposo adorado.

Ubaldo: - Abandona esa materia que usas, entiende que es el cuerpo de la novia de tu hijo, el cuerpo de la madre de tu nieto.

Mayra: - ¿Qué?

Ubaldo: - Sí, nuestro nieto.

Mayra: - William Carrión Rosales, no puede saber que hay un bebé, protégelo o lo usará para posesionarlo; está lleno de rencor, y sabiendo del bebé querrá renacer en él. Está frustrado por aquella infancia que no llegó a tener, por aquella corta vida busca volver a nacer; y que mejor que un bebé para saciar esos deseos de ser consentido, de ser amado y protegido, ¡salva a mi nieto!

Pero a Mayra querer proteger a su nieto por medio de Ubaldo, no le resultaría, pues era muy tarde; ya la malevolencia tenía escrito el destino de toda su familia. Es que cuando se confiaron, un cuchillo le puso fin a la vida de Ubaldo Sarmiento; era majestuoso el momento donde se veía que el cuchillo volase con velocidad apuntada al corazón de aquel hombre, a quien como lo dije, sin vida dejó segundos después de despedirse.

Ubaldo: - ¡Recuérdame amándote!, te amé, te amaré siempre; sé que no vale la pena decirte que en mi vida fuiste la única y primer mujer, la que me enseñó a ser hombre, padre, amigo y no solo macho. Yo sabía que por larga que parecía nuestra separación de diez años, pronto estaríamos juntos y que todo sufrimiento contrario al odio se borraría cuando te viera frente a frente ¡Te amo Mayra! Puedo irme en paz y perdonarte, sé que la mejor purificación para el alma es el perdón. "Muere".

Camelia "Mayra": - ¡No! ¡Amor mío! <<Bis>>

Golpes a la vista dejaron más triste a la insatisfecha alma de Mayra Farías, quien vio como Toñito, ayudado por algunos bebés unieron al cuerpo del difunto Sr. Sarmiento con los cuerpos de sus dos niños. Mayra tenía con ella a toda su familia, Reily había asesinado a la familia Sarmiento sin piedad, como lo hizo con las antiguas familia Zaragoza Dalton, y la de los Rosales Castellón. Ante semejante horror se había cumplido aquella vieja visión, que Ronix Alto vio el día que Mayra se posesionó del cuerpo de Camelia Perla, en aquel hospital de Houston Texas.

Cuando se nos aleja de lo que nos satisface, no hay nada más que cambiar horizontes, y eso era lo que pasaba con Mayra; había llegado el momento de cambiar el curso de su paseo por la tierra en otro cuerpo que no era el suyo. Por ahora solo faltaba una cosa por hacer: Mayra debía conseguir el perdón de su hijo; un hecho que recibiría al hablar con el corazón muerto. Ella se acercó a su hijo, lo abrazó, lo besó, lloró al estrecharlo con lágrimas en sus ojos. ¡Bueno! parecía que llorara y lágrimas reales corrieran por sus mejías.

Mayra: - Soy tu madre, estoy dentro del cuerpo de tu ex novia, ¡hijo, escúchame!, no fue todo mi culpa, me engañaron, me mintieron; tu padre y esa mujer debieron esperar para amarse con libertad, no debieron ridiculizarme de esa manera. Yo no sabía que tuviesen hasta un hijo, ellos me volvieron la mayor de las cornudas en El Sauce; la modelito tenía muchas flores en la cabeza ¡cómo no!; eran todos los cuernos que me volvían la cornuda de todo América. ¡Yo te pido perdón!, porque al cometer aquel sacrilegio manché tu destino, era tu hermano, ¡sabes!, largos años de dolor son los que llevó buscándote; creo, me siento con el derecho de limpiar mi alma, porque en vida quise pero no pude pedirte perdón. No lo pude hacer, ahora necesito pagar cuentas antes de cumplir mi juicio con el Altísimo; soy un alma más que anda en pena, porque me fui sin decir algo que quería decir. Y ese algo era confesar mi pecado y pedir perdón por ello, si no me perdonas, no podré irme en paz ¡Hijo, te amo!. "Lo abraza aferrada a él, presa de un llanto notorio".

El verdadero Reily luchaba por decir algo a todo lo que escuchó, y ante las lágrimas del amor de una madre, el maléfico encarnado espíritu permitió un corto espacio para el perdón que daría paz a una atribulada alma, como lo era el alma de Mayra, quien ya había pagado su pecado.

Reily: - ¡Mamá! ¡Descansa en paz! "Su cabeza sigue como torcida".
Camelia: - No puedo hijo de mi corazón. "Lo ve de rostro a rostro".

El perdón fortifica y purifica el alma, es lo único que da la verdadera paz a un atribulado espíritu.

Reily: - ¡Madre, te amo!
Camelia: - ¡Gracias hijo mío!

Nuevamente, el maléfico espíritu, tomó control del cuerpo de Reily.

Reily: - Tenemos que terminar con todo.
Toñito: - Iré a un país muy lejano, cercano a Arabia.
Reily: - Ve y dime que hay en ese país, investiga como está mi nueva víctima, por fin llegaré al faltante, solo ese, solo ¡falta Uno!

El joven Ronix tenía cerca de diez horas en vuelo, este era un viaje al que la oprimida alma de Camelia lo dirigía, con las visiones que frecuentemente le daba acerca de lo que estaba ocurriendo. De alguna manera era para esta joven su única manera de ser libre, llevar a un espiritista a encontrar la forma de acabar con el mal. El mal estaba en Líbano, de ahí saldría la cura perfecta para desatar un guerra final contra muertos obsesivos.

En horas de la madrugada, a correr se había echado la última oportunidad para vencer las adversidades de una inmensidad oscura.

Ya casi amanecía, los pequeños terrores habían abandonado la mansión Sarmientos, la policía hacía revisiones de la casa; mas no había alma alguna con vida, hasta las criadas habían padecido ante el horror. El momento magistral había llegado, por lo que William Carrión Rosales —dicho de manera real Reily con Camelia— viajaban a El Salvador. Se dirigían al pueblo donde todo empezó, al río donde hubo un principio y donde quizás habría un final, donde la fuerza no vendría de cuerpos, sino de espíritus de vivos contra espíritus de muertos.

William Carrión solo desea vivir una vida que nunca vivió, es el hijo de Eros Carrión un hombre de ímpetu exitoso. Viajaban por los aires rumbo a El Salvador, en busca del encuentro entre padre e hijo, donde encontrarán sus caminos y tomarán sus destinos.

Reily: - ¡*Falta uno*!
Carlitos: - ¿Quién?
Reily: - Eros Carrión ¡Mi padre!

Carlitos: - ¿Dónde está?

Reily: - En un lugar donde no puedo penetrar personalmente.

Carlitos: - ¿Dónde?

Reily: - En un monasterio de Líbano.

Carlitos: - He estado actualizándome.

Reily: - Sorpréndeme.

Carlitos: - Internet.

Pero los planes de los muertos no son los planes de los vivos, por lo que Ronix había viajado hasta la república libanesa, lugar donde ya se encontraba en un monasterio.

### Monasterio Annaya. Líbano.

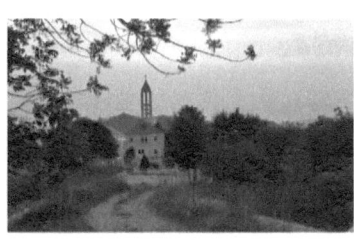

Eros Carrión sabía que su agonía era producto de su pecado al renunciar a su hijo, quien por tanta pobreza murió esperando un milagro y confiando en que su padre acudiría para salvarlo.

Ronix: - ¡Gracias! sor Inesita.

Sor Inesita: - ¡Gracias a Dios! el anciano Carrión lleva muchos meses agonizando en dolor, pero recientemente se le notificó médicamente que solo tenía siete días y siete noches de vida. Creo que en buena hora ha venido usted, desde hace una década que espera por usted, su soledad la ha pasado con el obispo Luis de Quintanilla.

Ronix: - ¿Por qué no ha ido por mi?

Sor Inesita: - Debido al consumo de sustancias ilícitas a muy corta edad, él tuvo un accidente que lo dejó incapacitado de por vida; muy joven se recluyó aquí, dijo desear paz pero poco después de unos años, comenzó a tener pesadillas y a contar cosas, entre esas cosas la existencia de un hijo. Manifestó que en sueños le decía que lo quería con él, que tenía que pagarle todo el daño que le había causado.

Ronix: - Pobre Sr. Carrión.

Sor Inesita: - Ciertamente, agradezco su enorme donativo para los niños del orfanato San Charbel, fue muy generoso de su parte.

Ronix: - Le tengo una infinita fe a San Charbel, sé que el monasterio de Annaya Líbano es donde se formó y santificó ese gran santo, quien fue beatificado después de su muerte; de aquí partió a una ermita donde se termino de santificar. Dicen que aquí vienen personas de todo el mundo a pedir con fe y son escuchados; me siento feliz de contarme entre sus devotos.

Sor Inesita: - El amor, es eso lo que lo trajo hasta aquí.

Ronix: - Daré la batalla por ella, aunque sé que ella ya tiene su historia con otro que no soy yo.

El momento final está por llegar, las estrellas y la luna perderán su brillo, las luces oscurecerán para darle espacio a la maldad y las tinieblas ante la batalla contra el bien.

### 7: 00 AM
### *Séptimo día "Momento final".*

En la antigua mansión de los Zaragoza Dalton era donde se encontraban Mayra y William en los mismos cuerpos de Camelia y Reily.

### *Sala de la Mansión.*

Los muertos no duermen, pero sí que saben dañar los cuerpos de quienes usan para existir.

Camelia: - ¿Qué esperas?

Reily: - Espero a que reciba un correo electrónico, un consejo que me dio mi hermanito Toñito, cuando estuvo en el cuerpo de tu difunto hijo menor.

Camelia: - Aquí fui falsamente feliz, soñé con que mi hijo naciera y creciera aquí pero aquí vivió ella con él; los dos que me obligaron a convertirme en una asesina.

Reily: - No, nadie te obligó a asesinarlo, además qué culpa tenía Jefferson de ser producto del pecado lujurioso de sus padres.

Camelia: - Sé que no lo debí hacer, quizás penaré toda mi existencia en la otra vida, nunca podré tener paz.

Reily: - Abandona tus aflicciones, que no eres la primera y tampoco serás la última que cometa pecados, habrá quienes cometen pecados peores.

Pronto apareció Toñito sorprendiendo con las noticias que traía para su hermano.

Toñito: - Tenemos un intruso.

Reily: - ¿Cómo?

Toñito: - Tiene vida propia.

Camelia: - ¿Cómo lo sabes?

Toñito: - Yo no estoy montado en un humano para subsistir, puedo estar aquí como allá, soy libre para divagar por doquier.

Reily: - ¿Quién es ese infeliz intruso?

Camelia: - Revela la identidad del entrometido.

Toñito: - Ronix Alto.

Camelia: - El mismo estúpido que estaba cuando tome partida del cuerpo de Camelia Perla, es el mismo que la arrolló hace diez años, creo que está enamorado de ella.

Reily: - Habrá que consumir su sangre.

Camelia: - ¡Elimínenlo! ¡No estropeará el romance de mi hijo!

Toñito: - Ronix  Alto, estudioso de las ciencias ocultas, bajo la cartomancia y otros rituales puede tener contacto con nosotros los muertos. Esta vez podría tener contacto directo con el más temido: el demonio que acaba con ángeles.

Camelia: - ¡Contigo! Tú eres el asesino de ángeles, acabaste con tantos en este pueblo, en ese susodicho Day Care y en ese mismo lugar del río.

Reily: - ¡Calla! Tendrá la primicia, por fin conocerá a quien busca ¡Ven a mi pequeño intruso! Solamente no olvides que para vencerme a mí, no te van a bastar un par de velas, unas cuantas flores blancas y un poco de tu agua bendita. Al contrario, necesitarás primero vencer a Reily, después a mí, y por último —intruso inepto— no olvides que aún muerto no se le puede matar ¡jajaja!

Camelia: - Pero si se le puede despojar de un cuerpo.

Reily: - ¡Yo lo sé! lo único que no es fácil, es vencer al mayor de los mayores: a mí.

Toñito: - ¡Hermanito! tu ventaja es que matarte no puede, lo único que puede es desaparecerte con sus poderes bondadosos.

Camelia: - Hoy se cumplen treinta años de la muerte de Jefferson, fruto de un sacrilegio maniobrado por mí.

Reily: - Vamos a ver quién es más fuerte, si yo ó el, será un duelo entre el bien y el mal.

Toñito: - Recuerda que esta vez será el bien y el mal a duelo.

Reily: - Lo recordaré, como lo he expresado, mi ventaja es ser muerto, cosa que él no puede ver a menos que su alma este demasiado pura; para ello, lo primero que debe haber en un ser humano es abstinencia, pureza. Sé que el celibato no se le da mucho al ser vivo, ama aparearse, así que no creo que él sea casto a estas alturas de su vida.

Camelia: - ¡Uno nunca sabe!, uno entre mil hombres quiere ser puro hasta llegar al matrimonio, quien quita y este lo es.

Toñito: - Todo es posible.

Reily: - Pero no lo será, no en este caso, soy yo o es él ¿de qué lado están?

### República de Líbano.
### Monasterio de Annaya Líbano.

El majestuoso encuentro desnudará una saga de sangre, sabremos el principio, pero no el final de una era donde los pecados han manchado las mentes de inocentes y juiciosos. Recordemos que una vez —allá por el año 1970— después del desayuno con las monjitas, sacerdotes y monjes, aquel joven fue conducido por un inmenso pasillo hasta donde tendría su encuentro con Eros Carrión. Recordó como lo vio en su pesadilla, aquel letrero de la puerta que sostenía el nombre de tal hombre.

Sor Inesita: - ¡Pasa hijo!, el Sr. Carrión te espera.

Ronix fue conducido a una capilla donde se hallaba el Sr. Carrión sentado frente al Santísimo, puesto que aquella habitación no estaba cuando le fueron a buscar, la enfermera les había mandado a la capilla.

Eros: - Te estaba esperando.

Ronix: - No sé a quien esperaba pero no es a mí, de eso estoy más que seguro.

Eros: - No eres tu mi hijo que viene desde la muerte a llevarme.

Ronix: - ¿Cómo sabe de que su hijo está muerto?

Eros: - El dinero puede todo lo material.

Ronix: - En efecto.

Eros: - Pero no puede con los cargos de conciencia.

Ronix: - ¿Por qué lo abandonó?

Eros: - Nació deforme.

Ronix: - No era motivo.

Eros: - En mi mundo sí, era horrible, tenía aspecto aberrante; el doctor dijo que tenía la cabeza con agua.

Ronix: - Eso era malo, ¿no sabe usted que a eso se le llama hidrocefalia?

Eros: - ¿Sabes lo que significa?

Ronix: - La **hidrocefalia** es la **dilatación anormal de los ventrículos del encéfalo** por acumulación de **líquido cefalorraquídeo**. El encéfalo a su vez es el conjunto de órganos que forman parte del sistema nervioso de los vertebrados y están contenidos en la cavidad interna del cráneo.

Eros: - Me entiendes ahora, en mi sociedad tener un hijo así era un asco; decían que tenía la cabeza llena de agua, tarde o temprano moriría. El era diferente, raro; en mi mundo no se aceptaba eso, no tenía espacio en mi familia, yo ni me atreví a mirarlo, no quise conocerlo. Investigué de ello, me encontré con fotos de eso y era horrible imaginarme un hijo mío con una cabeza llena de agua y mal formada.

Ronix: - No me diga que usted es de Marte y yo de la Tierra ¿Pertenece a otro mundo?

Eros: - Mis padres me prohibieron reconocerlo y menos aceptarían como esposa mía a una sirvienta.

Ronix: - ¿Cómo pasó?

Eros: - En una ocasión que mis padres visitaron ese maldito rincón del mundo, contrataron los servicios de una muchacha; yo era joven, vicioso, mi madre me lo advertía siempre  <<no consumas, no lo hagas, si alguna vez consumes corres el riesgo de acostarte con una tipeja, embarazarla y después que te endilgue un hijo, yo no voy a reconocer a un bastardo. Tu sabes que las drogas lo que traen es peligro, sexo y muerte. >> Así fue que salimos de aquella casa, fuimos a un lugar donde todo fue mágico; ella y yo éramos jóvenes, era hermosa ¡claro! yo no era feo, era muy guapo también.

Ronix: - Usted tiene que ir a la tumba de esa mujer, debe ir y pedirle perdón, debe ir.

Una empleada dedicada al cuidado del Sr. Carrión, llegó con una computadora laptop en mano; le informó que había un mensaje nuevo y extraño para él.

Eros: - "Papá, tu y yo tenemos cuentas por saldar, te espero donde me engendraste".

Ronix: - ¿Qué? ¿Cómo pudo llegar tan rápido? ¡Claro! el mensaje es porque tu hijo está muerto, como tal no puede ingresar a un monasterio donde todo es sagrado.

Eros: - Salimos este mediodía.

La empleada: - ¡Pero señor!

Eros: - Si quieres vendrás conmigo, aunque será mejor que te quedes, mi viaje es sin retorno, esta noche iré a reunirme con los míos, por fin pagaré lo que debo.

La empleada: - ¡Comprendo!

Eros: - Ayúdeme joven, déme su mano y prométame que ha de llevarme a la reunión con mi hijo; lléveme hasta Centro América, a El Salvador.

Ronix: - Primero que nada déjeme decirle que su hijo no está vivo, está muerto; ahora está dentro de un cuerpo que no le pertenece, hemos de practicar un ritual para expulsarlo.

Eros: - Se refiere a un exorcismo.

Ronix: - Mas claro no lo pudo haber pronunciado.

Ronix aceptó ayudarle, estrechó la mano de aquel anciano, momento en el que los astros lo llevaron a un viaje al ayer. Sí, era este el momento de conocer el antes del *Day Care*; lo que ocurrió cuando en vida vivió el difunto envenenado William Carrión Rosales.

Los ojos de aquel joven parecían hundirse como si estuviesen siendo poseídos por un espíritu, pero lo que ocurría era que a donde lo llevó ese espíritu fue al ayer; tal espíritu era la misma Camelia.

Las imágenes me llevaron donde se encontraba un par de jóvenes llegando al río, a un arenal ¡sí! efectivamente este lugar tenía nombre: La Remolina, una poza perteneciente al río El Sauce. Estuvieron un rato en el arenal, disfrutaron de besos y caricias, poco después caminaron hacía unas piedras que estaban detrás de un árbol. En el mismo arenal el hombre se sentó sobre una roca y entre sus regazos sentó a la joven, a la cual acariciaba y besaba; momento en el que le dieron rienda suelta a la pasión. Así fue como tomó espacio una entre cuerpo y alma; para entregarse a la unión de cuerpos se bajaron de las pequeñas piedras y se acostaron sobre el arenal; esos eran los recuerdos que conectaban el ayer con el presente y el futuro. De la misma manera la voz de Camelia se llevó a Ronix hasta el lugar donde hace treinta años se había cometido aquel sacrilegio, hizo que viera todo cuanto ocurrió con la monotonía del tiempo; aquel joven en sus visiones veía los innumerables calzados distribuidos sobre el arenal del río. La misma dirigió a Ronix hasta donde aquellos dos jóvenes pasados habían tenido relaciones; justo ahí detrás de esas piedras había un agujero en forma espiral, hecho en la arena. Por último fue llevado hasta la época donde Reily se conoció con el asesino de tantos bebés, con el responsable de que aquel arenal tuviese tanto calzado abandonado. Por ultimo Camelia le mostró la roca donde se cometió la profanación contra la vida, cuando Mayra cometió aquel sacrilegio.

El tiempo es cruel, por fin Ronix estaba volando hacia Centro América donde se reuniría al faltante y buscado por el asesino.

Un exorcismo sin precedentes tendrá espacio en el pueblo donde se empezó todo, y es que hoy se cumplen treinta años de la muerte de Jefferson y los Sauceños se dieron cita a la *Parroquia San Antonio de Padua*. Enormes cantidades de velas eran llevadas en memoria a la matanza que hizo por largos años el pequeño terror del **Day Care**; una misa se ofrecería en nombre de tantas memorias que padecieron, y tras encenderse tantas velas el terror haría de las suyas, porque todos los muertos saldrían del río.

Entidades cristianas se habían reunido para darle fin al majestuoso y poderoso mal espíritu encarnado; eran ya las 11: 17 de la noche, pronto entraría la medianoche. El encuentro del padre y el hijo tuvo un lugar escogido, donde se originó el ayer y se finalizaría el hoy.

### *Río El Sauce, Poza la Remolina.*
### *11: 20 PM*

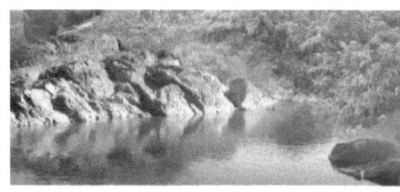

Se encontraban el Sr. Carrión con el caballero Alto, la hora de enfrentarlo todo llegó.
Eros: - Déjeme a solas.
Ronix: - ¡Descuide! traeré al sacerdote, un pastor, unas monjas, entidades cristianas que vienen desde Líbano, Roma, Italia y Estados Unidos. Por supuesto me contacté con el padre Brandon, que fue quien bendijo este lugar después de la muerte de los Zaragoza Dalton y de la misma Mayra Farías.

Pronto se escuchó el tierno llanto de un niño, fuimos dándonos cuenta que aparecía revoloteando en el agua; se formó un alboroto adentro de aquella poza, parecía que cientos de peces nadasen con gran velocidad mientras el niño venía saliendo de las aguas mansas pero a la vez peligrosas.

Toñito: - ¡Hermanito se murió enfermito! ¡Enfermito se murió mi hermanito!

A medida salía del agua, le seguían muchos bebés llorando, eso explicaba aquello que parecía el terror de peces nadando; era en realidad aquellos tantos que salían desde las profundidades. Toñito repetía una frase "¡Hermanito se murió enfermito!", los bebés contestaban con otra frase semejante al coro de un canto "¡Enfermito se murió mi hermanito!"

Eros: - ¡Aquí estoy yo! ¡Hijo, he aquí tu padre!

Reily aún sin dar su ubicación respondió: "¿Cómo deseas llamarme? ¡Hijo! ¡Hijo rechazado! ¡Hijo de tu pecado! ¡Hijo de tu lujuria juvenil! ¡Error de juventud! ¿Qué soy aparte de lo que fui? ¡Nada! ¡Aberración! ¡Desprecio! ¡Rechazo! Eso y más fui yo en este maldito mundo.
Eros: - ¡Hijo! ¡Eres mi hijo!
Reily: - ¡Papi! ¡Busco a mi papi! ¡Busca a tu hijo, papi! ¡Encuéntrame!
Buscaba a mi papi, papi no buscaba a su hijito, yo buscaba a mi papi ¡Quello a mi papi!. "Hablaba con la voz de un niño inocente".

Reily aún no había sido visto por el Sr. Carrión, jugaba a las escondidas, reía y lloraba, cuando logró encontrarlo con la mirada; descubrió que estaba entre lo más alto de aquellas enormes rocas que adornaban la fisonomía natural de aquella poza.

### Ciudad El Sauce, Iglesia San Antonio de Padua.
Una misa casi a media noche se oficiaba en memoria de Jefferson Zaragoza Dalton y los tantos infantes que murieron bajo su nombre, todo formaba parte del ritual de exorcismo que estaba por comenzar. En su momento el sacerdote (Padre Brandon) dijo también que la misa estaba dedicada a los espíritus necesitados de luz para seguir su caminata en la otra vida. Todos

los feligreses prendieron una vela cada uno, momentos en el que la electricidad se fue; la iglesia por fuera y por dentro comenzó a llenarse de lana verde, de esa que crecía entre las aguas, todos quedaron perplejos. Entre gritos y susto se les apagaban las tantas velas encendidas y es que un fuerte viento —producido por Mayra— provocaba que las velas se apagaran por completo. Era increíble como que todo se prestaba a que esta noche estuviese como dicen "candela"; la luna y las estrellas no se habían prestado para alumbrar este maléfico momento, la electricidad había oscurecido. Todo el pueblo estaba en tinieblas, era así como ocurriría un final de terror.

Ante las tinieblas el sacerdote se quedó anonadado, pues Mayra apareció frente a él, pero la voz de Camelia espiritualmente guió al padre hasta llevárselo al lugar donde sucedería el exorcismo; resultó que el padre no se fue solo, todos sus feligreses se unieron para darle fin al terror.

Exquisito se sentía al degustar el pasado que les daba soluciones y respuestas a las muchas interrogantes, puesto que el asesino de un Day Care sauceño, era un niño que había puesto a todos en momentos escalofriantes.

William: - Soy William Carrión Rosales, soy tu hijo ¡Hijo! ¡no! no eres digno de ser mi padre, padre no es el que engendra ¡no! para nada. No existe alguien a quien pueda llamar padre, porque nunca lo tuve.
Eros: - ¡Perdóname hijo!
William: - ¿Cómo perdonarte? ¿Cómo? Si no hubiese sido porque mi madre tenía que trabajar duramente, yo estaría vivo, tendría todo lo que los niños de hoy tienen. Yo ni siquiera pude tener una cuna, a mis tres años no pude disfrutar de ningún juguete; teniendo por padre y por abuelos a seres con tanto dinero, mi madre se marchitaba trabajando, por eso me descuidó.
Ronix: - ¿Cómo agonizaste?
William: - Primero agonicé de dolor, se me fue marchitando la carita de niño, fui perdiendo los movimientos, tuve mucha fiebre y frío; cuando menos pensé me quedé dormido, y nunca pude despertar. Sí papá, dormir es no sentir, dormir es no querer volver a la realidad, dormir es saber que esta vida es injusta y desigual, ¿o me equivoco? ¡Mira mi madre cuanto sufrió! levantó un Day Care, una perra infeliz vino a matar a un niño para

que el Day Care fuera maldito; la gente fue perdiendo credibilidad. Toda la lucha de mi madre se escapaba como agua entre las manos, decidí que ella no tenía que sufrir más, primero me llevé a mi hermanito Toñito, después hice que ella se reuniera con nosotros. Por años intenté parar mi furia ¡no pude!, seguí matando bebés, por ello fue que decidí reunir a Jefferson y su familia; en su nombre maté. Según yo quería agradecerle el dejarme usar su cuerpecito para encontrar al estúpido en quien volvería a la vida, ¿y sabes por qué volví a la vida?, por ti; porque vine a cobrarte cuentas, vine a decirte que mi madre sufrió y murió por tu culpa.

Ronix: - ¡William! a veces no tenemos lo que debemos tener, solo Dios sabe en donde pone las riquezas; imagínate si fueses rico, quien te dice a ti que no hubieses sido egoísta.

William: - Merecía tener lo que muchos tienen, no era justo, mira a los niños de hoy, les sobran los juguetes como el egoísmo. ¿Cuál es la diferencia entre un niño y otro?, ¿por qué los ricos son contados y egoístas? Ahora solo quiero tomar lo que la vida no me dio, el cuerpo de Reily Zaragoza Farías es mi pasaporte a disfrutar las maravillas de este mundo.

Ronix: - Nadie tiene lo que quiere sino lo que merece. Y sí hubo alguien que merecía tener todas las riquezas y poderes de esta vida.

William: - ¿Quién, yo?

Ronix: - ¡No!

William: - ¿Entonces quién?

Ronix:- Jesús, el hijo de Dios ¿qué tuvo?. Nada. Insultos, humillaciones y hasta la muerte injusta.

Eros: - ¡Hijo! alguna vez escuché que un cristiano dijo: "Piensa en todo lo que tienes, no en todo lo que te faltó".

William: - ¡Toñito! ¡Hermanito! ¡Ven a mí!

Del agua salió aquel niño acercándose a su hermano mayor, que era el que estaba en el cuerpo de Reily.

Toñito: - ¡Hermanito se murió enfermito! ¡Enfermito se murió mi hermanito! ¡Sí, mi hermanito se "mueró" enfermito! Mi mami "llodó" mucho, tenía muchos "polemas".

William: - ¿Sabes que causó mi muerte? ¡No creo que lo sepas!

Eros: - Se que tenías un defecto de nacimiento.

William: - ¡No, un defecto no! era una enfermedad, se llama hidrocefalia, llama las cosas por su nombre; nací con malformación. En verdad tendrás asco de verme, el mismo asco que tuvo tu madre y tu padre cuando me vieron en persona, cuando a escondidas de ti, acudieron a la humilde casa de mi madre, donde me fueron a conocer y tuvieron repugnancia por mí.

Toñito: - ¡Hermanito se murió enfermito! ¡Enfermito se murió mi hermanito! ¡Sí, mi hermanito se murió enfermito! Mi hermanito decía que dolía toda la cabeza, mi hermanito no reía, mi hermanito no jugaba porque no tenía juguete, no había quien jugara con él. Mi hermanito no podía moverse de la cama porque tenía una cabeza grandota y llena de agua ¡Yo tampoco jugaba! ¡Nadie quiere jugar conmigo! ¡Ya no quiero jugar con nadie! Por eso me enojé mucho y clavé un cuchillito en los hermanitos de Reily; ellos no querían compartir ese montón de juguetes que tenían ¡Eran egoístas!

El ciego rencor de William es más grande que la petición que su padre le hace pidiéndole perdón y admitiéndose culpable de todo.

William "Reily": - ¡Papá! Tú tuviste la culpa, pudiste evitar mis dolores de cabeza, esos dolores que parecían apoderarse de mi cuerpo completo; era un dolor intenso, un dolor que asesinaba mis fuerzas, era el mismo dolor que había asesinado las esperanzas de conocerte. Tu tuviste la culpa de mi muerte, si mi madre hubiese tenido dinero, ella hubiese costeado esa operación que me dejaría vivir, pero no pudo, no tenía. Mi madre padeció mucho dolor, mientras tú mi padre, tú te drogabas con tus amigos; por cierto los mandé al infierno, tú drogándote mientras tu hijo se estaba muriendo. No fuiste digno ni siquiera de llamar para saber si tu bastardo ya se había muerto; no supiste que día a día tu hijo crecía con una muerta acuestas, mi cabeza, mi cabecita era pesada, adolorida. Creo que hoy solo Reily sabe cuánto pesa mi cabeza y más duele morir así ¡Mírame! A ver papi, no huyas de tus pecados, responde como hombre ¿Por qué crees que estoy con la cabeza así? ¿Por qué? ¿Por qué, si no soy Reily? Porque en vida tuve mi cabeza así, sostenida sobre una almohada que me ayudaba a resistir ese dolor que yo no puedo olvidar; mírame ahora, he aquí el vehículo que me mantiene vivo en este mundo. Reily Zaragoza Farías está con la cabeza girada y sostenida sobre sus propios hombros; pobre de mí caballo cuando lo abandone sentirá los estragos de haber sido parte de mi, sentirá lo que yo sentí por años antes de morir.

Eros: - ¡Dios mío! ¿Qué hice?

William "Reily": - Renunciar a tu hijo ¡Papi! Papá, tenía cinco años de edad cuando fallecí, sufrí; no me permitieron jugar con nada, nunca nadie tuvo 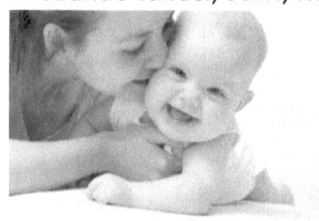 una sonrisa para conmigo, porque el solo mirarme era motivo de lastima, asco. Debió causar pánico el ver mi cabeza, el ver mi rostro, mi cabeza era grande, blanduja y pesada para mi edad; hasta mi mami tenía miedo de cargarme como te cargo a ti Tonito.

Toñito: - ¡Hermanito! Mi mami lloraba por ti.

William "Reily": - Mi mami tenía miedo de tratarme con amor, podía ver sus ojitos marchitos, no era yo lo que esperaba, hasta mi mami tenía miedo de mi. Pobre de mi mami, su vida era trabajar continuamente, orar, llevar una vida de pena, llanto, y de llamarte a ti; esa era su vida ¡Maldito seas, papi! Solo quería vivir, ser normal, ser amado, jugar, tener muchos juguetes. Por eso me enamoré de un Day Care, era yo solo un alma divagando entre la nada, buscaba la oportunidad de volver a este desdichado mundo. Cuando encontré a Jefferson Zaragoza Dalton, mi transporte real al mundo de los vivos, fue el bastardo fruto de la lujuria y el pecado, Jefferson se convirtió en mi caballo ¡Maté! ¡Maté! ¡Maté papi! ¡Quiero a mi papi! Nunca lo escuchaste ¡Quiero a mi papi! Te buscaba, te busqué maldito infeliz, mis lágrimas han recorrido décadas; tengo 35 años de andar buscándote, a esta fecha tu bastardo tendría 40 años; tu hijo te buscaba, no tenia descanso, nunca ha tenido paz en esta vida ni en la otra.

Toñito: - ¡Lo mató el dolor! ¡Agonizó de dolor! ¡Dolor, oh desdichado dolor! ¡Ni las pachitas lo quitan! ¡Tan rico que sabe tomar pachitas de sangrita roja y jugosa!

William "Reily": - Recuerdas que en tus pesadillas te salía un monstruo infernal, eso era yo, yo en el cuerpo de Jefferson, al que volvió el terror sanguinario para los sauceños. Era yo un monstruo, mataba y mataba, por placer, por sed de justicia, buscaba a mi papi, a mi mami, a mi hermanito y a la perra de mi madrastra. Los conseguí, conseguí a mi madre y hermanito; pero a ti no, habías sabido ocultarte como las ratas en un monasterio; el miedo a enfrentarme era lo que te llevó a ese lugar puro, sabías que con tal maldad que yo tenía, no podría ingresar a ese lugar. No hubo imposible papi, pronto te conseguí, así te escondieses bajo tierra, siempre daría contigo, he aquí mi búsqueda, te tengo frente a frente, y tú ni siquiera conoces mi rostro, en cambio yo sí. Debía seguir mi búsqueda, por lo que aquí mismo pasé de un cuerpo muerto a uno con vida propia, he aquí papi, el hermano de Jefferson Zaragoza Dalton ¡Sí papi! el único pecador no eres tú, el cielo está lleno de seres como tú, pecan y se arrepienten; si vieras el cielo y el infierno, no caben los pecadores arrepentidos ¡jajaja!

Eros: - ¡Merezco morir sin paz!

Toñito: - ¿También te vas a morir como mi mami? Tú eres un señor malo, mi mami esparció muchas lágrimas sobre su vida por ti; no se juega con la humildad de las personas ¡Perro!

William "Reily": - Vas a ir al infierno. Sí. Pero has de morir por mi mano, sí papi, olvidaste lo que en sueños te decía.

Eros: - ¡No! Sé que siempre me decías: ¡*Falta Uno*!

William "Reily": - ¡*Falta Uno*!

Eros: - Faltaba uno, y ese uno, soy yo.

William "Reily": - ¡Ay viejito!, milagros son los que causan en ti las pastillitas de la memoria.

Eros: - No tengo fuerzas, no discuto tus deseos, acaba conmigo, yo soy culpable de todo, engendré un pecado. Hoy pago el precio de haberte llamado aberración, obra del mal, deformación; yo fui el culpable, no medí consecuencia de mis actos, usé y abusé de la inocencia de una joven humilde y campirana como tu madre. Solo Dios sabe cuán hermosa era Giselle Patricia Rosales Castellón, aprendí que no se puede ni se debe jugar con los sentimientos de nadie.

William "Reily": - Supéralo, porque tu aprendizaje llegó muy tarde, ¿acaso no vez en mí lo que hay, papi? No tengo rencor, estoy que rebaso de rencor; tenía derecho a gozar de las maravillas del mundo. Tuve la oportunidad de salvarme, mi padre era millonario; esa operación que hubieses costeado hubiese borrado todo daño causado a mi vida.

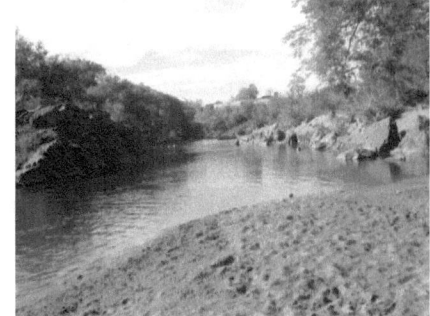

Ronix: - Una pregunta, algo así como comentario mejor.

William "Reily": - ¡El valiente espiritista, escuchó!

Ronix: - Aquí te engendraron, aquí trajo a la humilde joven muchacha de servicio.

Eros: - ¡Sí!, justo ahí.

William "Reily": - ¡Papi! ¡Qué casualidad! Ahí sale un agujero que cabe desde el fondo de esta poza ¡Ven! ¡Acércate! ¡Levántate! Tú puedes maldito, ven por el perdón de tu hijo, sigue a tu hijo. Te voy a enseñar mi ciudad oscura ¿sabes por qué es ciudad oscura?, porque esta bañada en sangre; los que ahí residen son las atribuladas almas de tantos que maté al buscarte a ti.

Toñito: - ¡Le ayudo, eh!

Mayra demostrará que los muertos también vienen a este mundo por hacer caridad, para recibir luz en su caminar hacia un mundo mejor; que se consigue después de que se halla el perdón y se fortifica el alma.

Camelia llegaba al río, se acercó a Ronix, mientras vio como el malvado William Carrión Rosales, llevaba a su padre a un lugar a quien ya había hecho caminar.

Camelia: - ¡Te ayudaré! ¿Qué hay que hacer?

Ronix: - ¿A cambio de qué?

Camelia: - No me hace falta nada, solo quiero paz, quiero que esto acabe ya, fui la causante.

Ronix: - En realidad el terror no viene por lo que hiciste, solo forma parte, el verdadero terror es culpa de ellos dos, padre e hijo.

Camelia: - ¡Como sea! solo deseo paz; él está obsesionado con quedarse dentro del cuerpo de mi hijo Reily, y no lo permitiré. Antes de saberlo ocupando el lugar de mi hijo, lo prefiero encontrar en el infierno.

Ronix: - Necesito darle algo a Reily, algo que debe beber antes de ser exorcizado; de lo contrario el impacto que causa al abandonarlo, el mal espíritu encarnado hasta podría matarlo.

Camelia: - ¿Qué hay para mi futura nuera?

Ronix: - En camelia no hay nada que hacer, sin embargo beberás una media pócima, será demasiado leve, dormirá mientras tu abandones su cuerpo.

Camelia: - Ella está por despertar.

Ronix: - Un cuerpo sin dormir, no resiste tanto, puede morir si no duerme ¡Demos gracias a Dios que William dejaba que Reily durmiera cuando él abandonaba el cuerpo para ir a torturar en pesadillas a su padre!.

Camelia: - ¿Qué hago?

Ronix: - Descubrí que evitar que los espíritus no sepan lo que planeas es dormir, así que tomarás la pócima que he de prepararte Camelia; y si él la acepta también se la daré, aunque después que pase todo pierda a Camelia.

Camelia: - Reily con ella tienen una vieja historia, si en tu destino está ella, tuya ha de ser; sin embargo yo abogo por mi hijo, bueno dime, ¿qué debo hacer?

Ronix: - Seamos honestos, Reily, William, como sea, sabemos que no lograremos que se tome esa pócima, por eso el padre Luis de Quintanilla, me aconsejó dársela de otra manera. Por cierto ya se tardó el padre con los demás que vienen para estar en mi primer exorcismo.

Camelia: - ¿Cómo? ¿Qué hay que hacer para que la pócima llegue a Reily?

Ronix: - ¡Inyéctalo!

Los caminos estaban cerrándose, una trampa para el mal estaba escrita con una traición que debía cumplirse para llevar a cabo la destrucción del mal.

Eros fue aparentemente asesinado cuando el maléfico hijo del mismo, lo obligó humillarse besando la tierra donde lo concibieron a él. Decía que era el precio que su padre debía pagar por las burlas contra una humilde joven de servicios domésticos: "su madre".

William "Reily": - Aquí, aquí te reprodujiste, me engendraste a mí, que lástima papi siempre hay un alfa y un omega. Si nos citamos en el alfa, es el momento cuando trajiste a mi madre a este lugar, la endulzaste de amor falso, las típicas palabritas del príncipe azul barato y mentiroso. Y si nos vamos a la omega, es donde todo acabará, alfa y omega, tu principio y fin, eso significa. Aquí mueres besando la tierra donde me engendraste, al fin estoy viéndote rendirnos respeto y reverencia a mi madre y a mí a la vez; anda viejo infeliz, besa la tierra en la que fecundaste al hijo que rechazaste, olvidaste que aquí te acostaste con mi madre ¡Aquí me procreaste! ¡Jajaja! ¡Pobre de mí papi!, veo el miedo en tu cara.

Eros: - Como padre fui un fracaso, un asco, un alma repugnante, no merezco tu perdón, menos el perdón de Dios, soy un pecador de lo peor. Ni siquiera supe reconocer que lo era, tampoco tuve el gesto de intentar pedir perdón, hasta hoy ¡hijo! ¡perdóname!

El triunfo de Williams "Reily" fue ver qué cantidades de manos arrastraron al anciano hasta aquel agujero, que un día el mismo trabajó y finalizó con todos los bebés asesinados.

Un halago a si mismo fue acabado cuando la traición de Mayra llegó por la espalda, obligándolo a abrazarla; fue como ella por la espalda clavó la inyección con la pócima especial para dormir un cuerpo.

Conmocionan los filantrópicos momentos, que cuando menos el espíritu se lo esperó estaba dentro de un círculo de religiosos "sacerdotes, monjas, pastores, y espiritistas". Era increíble ver como un segundo círculo encerraba a los servidores de alto rango en el cristianismo; más emotivo era ver que todos vestían el blanco de la pureza. Un crepúsculo de emociones estaba comenzando, momento en el que aquel maléfico ser levantó la vista del arenal hacia su alrededor; descubriéndose dentro de un doble círculo donde la gente estaba tomada de las manos y con la mayor fe, porque era lo primordial para vencer el mal.

Se habían santiguado, rezaban un Padre Nuestro, un Ave María, y las oraciones pertinentes a un ritual de exorcismo; magistral era el momento en el que unos estremecedores dolores de cabeza obligaban al chico a dar vueltas como sintiéndose mareado. Repetía el no desear que su cabeza se reventara como ocurrió hace cuarenta años cuando estuvo con vida.

Ronix: - En nombre de Dios todo poderoso, que los malos espíritus se alejen de aquí y que los buenos nos sirvan de baluarte contra los malos. Espíritus malhechores que inspiras malos pensamientos a los hombres, espíritus tramposos y mentirosos que nos engañas, espíritus burlones ¡salgan de esa alma!

Parecía una legendaria guerra entre los visible y lo invisible, podíamos notar como el cuerpo del poseído joven tambaleaba como peleando por expulsar al susodicho intruso; su boca hacia grandes gestos que al abrirse expulsaba cucarachas. Las aguas de aquella poza donde se encontraba a pasos empezaban a llenarse de espíritus hambrientos de cuerpos que ocupar; se veían las madres con sus bebés en brazos, los bebés y todos aquellos asesinados por tal maléfica alma se aproximaban hacia donde estaban aquellos realizando el exorcismo. Al parecer el bien de los humanos no estaba solo, porque de repente los remolinos se formaban y con ello se tragaban a los malos espíritus del agua.

Padre Brandon: - Dios de misericordia que aceptas el sincero arrepentimiento del pecador, encarnado o desencarnado, aquí tienes un espíritu que se ha complacido en el mal; pero que reconoce sus faltas y entra en buen camino. Dígnate Dios mío, recíbele en tu santa gloria como el hijo pródigo regresa, respóndele Padre. Espíritu de Mayra Farías de Sarmientos, la iglesia se regocija por su conversión.

El espíritu de Mayra fue saliendo, momentos en el que el cuerpo de Camelia se desvanecía cayendo sobre la arena; todos presenciaron el triunfo de haber despojado a Mayra del cuerpo de Camelia.

El momento clave llegó al despojar al mayor de los malos encarnados espíritus, a uno que lo atrajo el rencor y la ciega venganza contra su progenitor. Por su parte Ronix antes de practicar su primer exorcismo, tenía muy bien grabado lo que le habían dicho los diferentes maestros espirituales; como lo que le dijo el padrino en África, en aquel templo de los Orishas: "La mejor paz para un ser, tanto vivo como muerto es el perdón". Un cardenal romano del colegio donde había estudiado teología y sacerdocio le había aconsejado: "Quien realiza un exorcismo debe tener el alma en santidad y castidad". Tampoco olvidó el consejo de la monjita —sor Inesita— quien le dijo: "El demonio entra por la vista, es astuto, tramposo; el demonio es como el dichoso juego de ajedrez, solo una persona astuta e inteligente sabe cómo mover muy bien sus fichas. Así que hijo mío, para ti que vas a realizar tu primer exorcismo, no te vayas por impulsos o por ser el héroe de tu amor, porque puedes perder la vida, no lo dudes. Un consejo para ti y los que van a estar contigo esa noche del exorcismo, indícales que se debe tener la vista cerrada, como te lo dije, lo repito <<El demonio entra por la vista>>".

La pregunta del millón ¿Quién o quienes sobrevivirán a este magno terrorífico momento?

Un espíritu obcecado es aquel que persiste con su mal. Los malos espíritus hoy y siempre han movido sobre la tierra por la inferioridad moral de los habitantes. Su acción malhechora forma parte de las plagas que la humanidad sufre en la tierra. La obsesión como las enfermedades y todas las tribulaciones de la vida, deben ser consideradas como una prueba o una expiación y aceptada como tal.

Sabemos que para precaver las enfermedades se debe fortificar el cuerpo, para precaver el alma se debe fortificar el espíritu; por ello es que para precaverse de la obsesión se debe fortificar el alma. De esto se deduce que el obcecado deba trabajar por si para su mejoramiento, lo que muchas veces basta para desembarazarse de un malhechor espíritu sin el socorro de algún extraño. Este socorro se hace necesario en casos excesivos porque la persona pierde la voluntad "libre albedrío"; la obsesión es casi siempre producto de una venganza ejercida por un espíritu. Lo más a menudo tiene su origen en las relaciones que el obcecado ha tenido con él en una existencia precedente.

De tal forma no se explica mejor. William Carrión Rosales a esta fecha tendría cuarenta años de vida; pero lo que ha llevado a esta fecha es la cuenta del tiempo que ha perseguido al faltante, al causante de todo, su padre. En ello lleva exactamente treinta y cinco años, ha pasado del cuerpo de un recién asesinado al de un vivo, todo por perseguir su ciega venganza.

William Carrión Rosales murió de cinco años producto de una malformación, nació con una enfermedad conocida como hidrocefalia; enfermedad que en la antigüedad era conocida como "Agua en el cerebro". En definición esta enfermedad es mortal. [La hidrocefalia es una acumulación de líquido dentro del cráneo, que lleva a que se presente hinchazón del cerebro. Las causas de dicha enfermedad se deben a un problema con el flujo del líquido cefalorraquídeo, el líquido que rodea al cerebro y la médula espinal. Este líquido lleva nutrientes al cerebro, elimina los desechos de dicho órgano y actúa como un amortiguador].

Un día que su madre había llegado del trabajo atendió a su hijo, lo dejó solo unos instantes, debía ir a la cocina por el biberón y para hervir uno sopa; en esa época el ya tenía cinco años, intentó bajar de la cama pero no lo consiguió. Cuidadosamente intentando bajar se cayó de la cama, se golpeó fuertemente en el aquel piso de cemento; un liquido en color claro se veía salir en lugar de sangre, momento en el que el niño confesaba sentir tremendos dolores de cabeza, se escuchaba su llanto de dolor. Notaba como su vida se iba como agua entre las manos, su madre acudió a los llantos, se desgarró al ver a su hijo muriendo frente a sus ojos; decía que la vida de su hijo se termina a tan corto paseo por este mundo, su deforme cabecita estaba rota como un globo lleno con agua. El pequeño no había soportado el golpe, aparte de tener demasiado líquido en su cerebro, la vida de su niño se termina por la acumulación excesiva de este líquido cerebroespinal, que le generó dilatación anormal de los espacios en el cerebro, justo en el área de los ventrículos; un hecho que fue potencialmente perjudicial para los tejidos cerebrales de su hijo.

Su fortaleza desvaneció ante este momento penetrante para su vida, su muerte en vida parecía ir junto a la de su hijo, que cerraba sus ojitos luchando por vivir y porque no se le cerrasen, momento en el que golpes al corazón reprochaban el abandono de quien pudo salvarle a su hijo con algo sencillo y material: "Dinero". Su hijo lo único que pudo aludir antes de morir fue "¡Te odio papi!"; era tan pequeño como para guardar un rencor como ese pero había sentido el peso del desprecio de su progenitor y su familia. Se había marchado de este mundo sin sentir una sonrisa, sin haber gozado de un juguete, porque todos los que lo habían conocido no lo tachaban más que en forma horrenda, nunca pudo sentir que alguien más lo cargase con amor, ni su madre tenía voluntad para cargarlo por miedo a la cabecita.

William: - ¡Volveré, papi! ¡Te odio, papi! ¡Te voy a encontrar papi!

Decía alguien de por ahí: "Piensa en todo lo que tienes, no en todo lo que te faltó"; pero cómo no pensar en lo que nos faltó, si era mera necesidad la que llevó a Giselle a vivir desgarradores momentos. Capítulos que destruyeron su paso por la tierra la hicieron fuerte, como también la pudieron enloquecer y hasta llevarla a la muerte.

Todo pudo ser tan fácil pero no lo fue, ahí no estaba quien podía pagar por la vida de su hijo; si hubiese estado ahí el padre de William, otra sería la historia. Por ello es que aún después de muerto William Carrión Rosales, no se conformó con llevarse con él a su madre "Giselle" y a su único hermanito "Toñito". Decía que eran suficientes razones para estar lleno de rencor el haber visto como su madre murió en vida, como su padre lo abandonó, como sus abuelos lo despreciaron; hasta hubo quienes le llamaron aberración del demonio. Todo eso y la necesidad de una familia que le diese amor y privilegios materiales, fue lo que trajo a un muerto desde su tumba, solo por cumplir una venganza maestra.

En todos los casos de obsesión, la oración es el más poderoso auxilio para obrar contra un espíritu insistente.

Ronix: - ¡Dios todo poderoso! concédeme poder para liberar a Reily Zaragoza Farías del espíritu de William Carrión Rosales, que es quien lo obsesa; si entra en tu designio que finalice esta prueba, concédeme la gracia de hablarle con autoridad. En nombre de Dios todo poderoso digo al espíritu encarnado y malhechor que atormenta a Reily, que se retire.

William no quería irse, después de haber mostrado su horrible odisea confesaba el sentirse satisfecho en este mundo, pues de hoy en adelante viviría como un ser vivo normal; pero no era así, él ya era un muerto.

William: - ¡No! ¡Malditos! ¡Asesinos malditos! ¡Púdranse en el infierno! ¡Jamás me iré de aquí! ¡Jamás! Déjenme salir de este maldito círculo, no me vencerán tan fácilmente.
Ronix: - Tienes que irte Williams, Reily tiene un ciclo que cumplir.
William: - ¿Y mi ciclo qué? Que se lo coma Satanás.
Ronix: - Ya lo has cumplido.
William: - ¡No! ¡Mírame! ¡Mírame! ¡Mírame! ¡Maldito miserable! ¡Miradme a los ojos!
Ronix: - Mis ojos no se prestan a la maldad, ni para verla, ni para practicarla, mi religión es Dios, creo en Él.
William: - ¡Cariño soy yo, Camelia! ¡Mi amor! ¡Gracias por salvarme la vida después que me arrollaste! He estado pensando en que después que esto

termine, tú y yo podríamos ¡no sé! ¡Solo tal vez! mira mi cuerpo, mi boca, mi voz, toda yo; muero porque me ames, estoy ansiosa de amar y ser amada "Imitaba la voz de Camelia".

Ronix: - ¡Vete Camelia!

Sor Inesita: - Por favor, repitan todos ¡vete! vuelve a tu senda, espera la luz que irradiará tu camino, fuiste parte de este mundo, fuiste pieza amada por alguien, que ahora se encuentra esperando por ti. Vuelve tus ojos hacía Dios, elévate un solo momento hacía Él con el pensamiento.

William: - ¡No! ¿Qué haces viendo hacia el cielo? "Reily parecía obligar a William a mirar hacia lo alto del cielo".

Sor Inesita: - Un rayo de luz divina te iluminará, repite estas palabras <<Dios mío, me arrepiento, perdóname>> Intenta arrepentirte.

William: - Este cuerpo es mío, tú has muerto Reily Zaragoza Farías, vete con toda tu parentela, púdranse en las mazmorras del infierno ¡No!, ni lo intentes.

Nuevamente el cuerpo de Camelia fue usado como vehículo por la madre del maléfico William, quien le advirtió que era tiempo de irse.

Giselle: - ¡Hijo! Soy yo, tu madre, tu padre, tu hermanito y yo, te estamos esperando; solo tienes que decir <<Dios mío, me arrepiento, perdóname>> intenta arrepentirte de corazón.

William: - ¡Nooo!

William: - ¡Dios mío, me arrepiento, perdóname! Cerré los ojos, me embarqué en mi propio dolor, ofrezco en adelante seré luz ¡Oh! Tú padre de mi alma que escuchas al afligido y me ves arrepentido de lo que mi vida fue ¡Sálvame, Dios mío!

El cuerpo de Reily junto al de Camelia quedaron tendidos sobre la arena, desnudando así al verdadero William Carrión Rosales, niño que estaba acostado sobre el arenal. No había pasado de la etapa donde murió: un niño con la descripción de una enorme cabeza, su madre lo tomaba en brazos y se adentraba al agujero en forma espiral. Tras ellos irse todos aquellos personajes religiosos oraron y taparon con arena aquel agujero; arrojaron agua bendita, flores blancas, cruces y los habitantes que estaban presentes encendieron una vela cada uno. Aquello parecía un altar rodeado de tantas velas, así como se cerró el agujero del arenal, de la misma forma por si solo se cerró el que estaba en el fondo del agua; se acabó la terrible pesadilla de horror.

El cuerpo de Eros Carrión, apareció colgando en el mismo árbol donde en una época muy atrás se suicidó la señora Giselle; de alguna forma Williams estaba dándole la misma muerte a sus padres, Reily al igual que Camelia despertaron de aquella pócima del sueño.

Se acabó aquella odisea de la búsqueda incansable de un bebé asesino y vengativo, que solo quería reunir a su familia.

Por cierto, te contaré algunas cosas, Camelia volvió a los Estados Unidos, comenzó una nueva vida, estableció una relación amorosa con Ronix, permitió que Reily disfrutara de su hijo. Reily tuvo que usar un collarín, pues el cuello tenía que tardar un poco en sanar la secuelas de tanto tiempo estar doblado.

### Estados Unidos.
### Mansión Sarmiento.

Se supone que Reily está saliendo de viaje a la India, donde pretende pasar unos meses en un santuario, porque desea limpiarse el alma. Ronix le aconsejó sobre el lugar, diciéndole que era perfecto para volver a recuperar la alegría de la vida, cosa que aún Reily no recuperaba.

Bajaba las escaleras, parecía buscar ansiosamente algo que no encontraba, se preguntaba donde había puesto su boleto de avión con su pasaporte. De pronto vio como la puerta principal se abría sola y el pasaporte con su boleto de avión parecía volar, pero que en realidad lo traía un espíritu.

Reily: - ¡Luz y progreso!

Jefferson se le apareció a su hermano —quien no le temía— y al parecer hasta de amigo imaginario lo tenía; contaba con él para que las cosas le fuesen bien en la vida. Todos tenemos derecho y libertad a creer en que alguien como un espíritu siempre nos acompaña para protegernos, y se nos vuelve nuestro guía espiritual por el sendero de esta vida. Yo tengo el mío propio, es mi hermanito Jefferson Zaragoza Dalton; cuando me tomo un cafecito, le digo que ese cafecito es para los dos, pero que no se lo tome todo, porque si no, qué me va a dejar a mí, solo la taza sucia para lavársela ¡jajaja!

Déjame decirte lo que otro alguien me dijo: "Si me vieras, verás un espejo del mundo. Si me oyes, sabrás si comparto tu universo". Esto me lo dijo un espíritu amigo tuyo.

...La fe es elemento principal del mundo...

"¡Llámame! ¡Llámame! ¡Llámame!", Repetía una voz dentro de mis sueños, cuando lo único que alcanzaba a mirar entre mis visiones era una frase <<FIN>>.

# F
# I
# N

www.ingramcontent.com/pod-product-compliance
Lightning Source LLC
Chambersburg PA
CBHW021902170526
45157CB00005B/1933